田中角栄

心をつかむ3分間スピーチ

小林吉弥

ビジネス社

究極の「説得術」を学ぶ——まえがきに代えて

一九七〇年代、抜群のリーダシップのもとで戦後復興、高度経済成長に向けて多くの政策を推進させたのが田中角栄元首相であった。道路、住宅、国土開発等を並みの政治家では太刀打ちできない自らで法律をつくる議員立法を、単独でじつに三十三本を提案、成立させている。長く議員生活を送り、一本の議員立法もつくれず引退していく議員があまたあるなかで、これは異例中の異例、田中がいかに飛び抜けた政治能力の持ち主であったことがわかる。

その集大成といわれたのが、「日本列島改造計画」へのチャレンジであった。都市と農村、太平洋側と日本海側の格差是正に全力をあげ、日本列島に高速道路と新幹線網を敷くことで経済をはじめとする格差の〝平準化〟を目指したということであった。なんとも雄大な構想であり、昨今の政治をみていると高速道路、新幹線の延長など、田中によるこの改造計画をなぞっているだけに堕《だ》しているとの思いがある。外交に目を移しても、命懸けで「日中国交回復」へ切り込んでいる。戦後歴代首相のなかでは最も多くの仕事に立ち向かったことは言をまたないのである。

その田中は生家が貧しかったことから、今の中学、尋常高等小学校を終えると雪の新潟から十五歳で単身上京。社会の泥水をいやというほど飲みながら這《は》い上がり、わずか二十四歳で年間施工実績で全国五十位以内にランクされる土建会社をつくり上げたうえで、政治の世界へ歩を進めた。そして、五十四歳の若さで首相の座に駆け上がった。ときの世論は、それまでの首相が官僚出身者が多かったことから、この叩き上げ首相の出現に「庶民宰相」「今太閤」の歓声を送ったものであった。

さて、当時の首相はおおむね東大卒であり、なぜ高等小学校卒、もとより門閥《もんばつ》、閨閥《けいばつ》なしの田中が天下を取れたのか。

田中は、小学校時代は「開闢《かいびゃく》以来の秀才」といわれた。家に余裕があれば一高、東大へのコースを歩み、役所中の役所である大蔵省（現・財務省）にトップの成績で入省したであろうと謳《うた》われたほどの頭脳明晰の持ち主であった。そのうえで、若き日、社会でもまれるなかで、いやというほど人間の心理のうつろいをみた。人は今、何を欲しがっているのか、何をすれば逃げていくのか、「実学」の中で一発で見抜く能力、眼力を培ったことが大きかった。苦労は買ってでもしろ、とされるゆえんだ。それに加えたのが、持ち前の決断力、実行力、行動力、法律知識ということであった。

田中は足らぬ学歴不足を、少年の頃からの猛勉強で補った。中学の講義録、手に入るあらゆる書物を読み耽《ふけ》っている。この頃すでに、日本文学全集も読破していた。社会に出てからは昼間のクタクタに疲れたからだにムチ打ち、仕事が終わると中央工学校、正則英語学校、錦城商業学校らの夜学に次々と通っている。学校のハシゴである。向学心がしのばれる。そうしたうえで、這い上がってきた。もともとの頭脳明晰、加えてありとあらゆる知識の習得、学歴はなかったが怖いものはなかったということであった。

こうして国政に出た田中は、大蔵はじめ通産、郵政、建設の各省を中心にエリート官僚と向き合い、その政治能力で平伏させ、それらの省をつぎつぎ〝手中〟におさめることで実力者への階段をのぼっていった。世界に冠たるわが官僚群を〝政略〟できない政治家は、大成しないというのがわが政治の世界である。人物は開けっ広げで明朗闊達《めいろうかったつ》、「実学」で得た人間洞察力、それによる巧み巧まざるの「情と利」による人心収らんの妙が合わさり、強力な説得力もまた生んだということでもあった。

その説得力を最も顕著にしていたのが、名演説、名スピーチをほしいままにした「角栄節」であった。どんな層の人が集まる場でも、聞き手との一体感を構築してしまうという達人であった。筆者は田中が昭和四十四年十二月の自民党幹事長時代から亡くなるまでのじつに二十四年間、田中の取材のなかで、なんとも多くの演説、スピーチを聴きまくったものだが、その見事さは他の政治家の比較ではなかった。

会場での一体感をつくり上げる手法は、じつに多彩であった。比喩《ひゆ》、たとえ話をふんだんにまじえて笑いを誘う一方、突然、トーンが変って数字の連射砲を浴びせかける。数字による説得は、何より強い。聞き手は現実の厳しさを知って目を覚ます。また、夢を与えることも忘れず、ときに情のある話をさりげなくでシンミリさせ、最後は結びをピシャリと押さえるのである。聞き手が退屈しているヒマはなく、その緩急自在《かんきゅうじざい》はけだし絶妙、見事というほかはなかった。

田中の話が終わり、会場を去る参会者のいずれもが、ああ今日ここにきてよかったと顔を紅潮させていたのを覚えているのである。また、こうした説得力抜群の演説、スピーチは、一方で田中の新潟の選挙区におかれた類をみないといわれた強大無比の後援組織「越山会《えつざんかい》」の団結力を、いっそう強固にしたことはいうまでもなかった。

たしかに田中という政治家には一方で金権批判があり、ロッキード事件にかかわったことなどで、「光」の一方で「影」も指摘された。しかし、それを超えてなお田中の生き様から、あるいは人心収らんの妙から、学ぶべき盗むべきところは大きい。要は、読者は田中の良いところだけを盗めばいいのである。演説、スピーチから学ぶ「説得術」、またしかりということにある。小著から、それを受け取っていただけたら幸いである。
ちなみに、小著の文中の敬称は敬して略させていただいたことをお断りするものである。

小林吉弥

平成二十八年六月

《基礎編》

一章 田中角栄の「スピーチ教科書」

《応用編》

二章 田中角栄の「スピーチ実践教室」

三章　田中角栄の説得術

《基礎編》

一章

田中角栄の「スピーチ教科書」

聴衆一人一人との「対話」を盛り上げる

なぜ、田中角栄スピーチは人気があるのか

「オレの演説は年寄りにも、おっかさんにも、青年にも、だれにでもわかるようにできている」

——田中はよくそう豪語し、自分のスピーチに自信を示してきた。聞き手のなかに、八十歳のジイサンがいようが、親元を離れて東京に就職する息子を持つ母親がいようが、夢破れて再び郷里で鍬《くわ》を握る青年がまじっていようが、さあ来いである。

田中スピーチの第一のポイントは、聴衆と聞き手との《一体感》すなわち一人一人と対話するところにある。

「人寄せパンダ」と自他ともに許した抜群の人気の秘密は、まさにここにあった。

スピーチは、多くが、その内容に間違いがないか、矛盾がないか、そういう問題ばかりを気にしたがる。

それはそれで大事なことではあるが、むしろ、全体のなかの一人一人と対話するという視点を忘れてはならない。

では、一人一人と対話するということはどういうことなのか。

1 新潟の豪雪は〝資源〟〝財源〟だ——逆転の発想

みなさんッ。昭和六十年になると、今、トン当たり六十円の水が百円以上になる。東京では、四百円くれェになるのではないですか。

三越デパートの岡田茂《おかだしげる》社長は私の友人だが、この岡田君が「デパートでは、お客の一割が物を買ってくれればいい」といっておった。ところが「このごろは、どうも困った」というのです。岡田君に聞くと、「一万人の女性がデパートに入って、うち千人は買い物をしますが、残る九千人は化粧室に入りに来る」というんだナ。「一人当たり二十五円も損をしてしまう。九千人に同じことをされたら、儲《もう》けなんかふっ飛んでしまう」とこぼしておった（爆笑）。

みなさんッ。笑っておってはダメですよ、いや笑いのなかに真実があるッ。

新潟には雪がある！

雪は水だ！

私のいいたいのは、水ッ。水はそれだけ大事なんです。生活の基本になる大事なことだということです。

みなさん、雪は資源です、いや財源ということなんです！

（昭和五十五年三月、越山会《えつざんかい》総決起大会で）

2 土地で儲けちゃいかんよ——心をつかむ

……田中は政治家でなくて、土方（土工工事業者）だといわれる。ナニをぬかすかだ。でも、こういわれると、ここ（地元・新潟県）の人は怒るわねェ。そうでしょ、みなさん！（拍手）。田中は入広瀬《いりひろせ》（新潟県北魚沼郡《きたうおぬま》）の村長と組んで、ここばかり公共投資するともいわれた。ナニをほざくか、こういいたいよなァ。当たり前のことだ。東京には水がない。その水をこっちがくれてやっている。そういうところに公共投資をしてナニが悪いッ（大拍手）。

みなさんッ。**この百年は、太平洋側の百年だった。しかし、これからの百年は日本海側の百年になる。**どんどん生活はよくなる。私はねェ、新潟県に二十カ所のダムを持ってきている。なぜだか、わかりますか。これからは、関東が水不足になるからであります。しかし、こっちには雪があるわねェ。雪は水なり、水は力なりであります。東京の大企業は、どんどんやって来る。また、出稼ぎもなくなる。それが国道17号線であり、高速道路であり、上越新幹線なのであります。

もっとも、新幹線ができると、このへんの土地は値上がりするねェ。そのときはみなさんッ、あんまり土地で儲けちゃいかんよ（大爆笑）。

（昭和五十一年十二月、立会演説会で）

3 ねェ、おっかさん――親近感①

……野党は、いつもなんだかんだいっておるが、気にしなくてもいいんです。まァ、あれは三味線みたいなもんだ。子供が一人、二人ならいいけど、三人、四人おると、なかにはうるさいのもいるもんです。ねェおっかさん、そうでしょう！（笑）

（昭和五十三年十月、立会演説会で）

4 私は百姓の子だ……――親近感②

……私ねェ、百姓（農業者）の子だから、緊張に対する訓練ができておらんかったッ。軍隊のときは、ちゃんとしてましたけどね。それまでは、ヤマドリを撃っていたようなもんだ。（金脈問題で揺さぶられたころにふれて）そのころは、私もストレスがたまっておった。実際に治るまで（退陣後）十カ月もかかったのであります！　メシは半分、酒は三分の一に減らして、運動量を倍にと一日四里（約十二キロ）は歩いていたッ。

まァ、これはみなさん。おとっつあん、おっかさん、と同じだねェ（笑）。

（昭和五十一年四月、越山会大会で）

田中角栄スピーチの聴衆一人一人との対話のまず第一の演出は、「みなさんッ」、「ねェ、おっかさん」「（みなさんと同じ）百姓の子」といった呼びかけにある。しかし、じつは田中の場合、この《一体感》がもう少々現実的な裏づけのある点をこそ忘れてならない。日常生活のなかにも、巧まざる庶民的な出来事を持ち込むという点である。

たとえば、東京・目白邸内に陳情客のための〝講堂〟ができる以前は、田中は郷里・新潟から夜汽車で上京するゴム長靴の陳情客を母屋の座敷にあげ、一緒によく朝メシを食っている。

こうした光景は総理大臣のときも少しも変わらず、早朝のご進講に及んだ省庁高官がいようがおかまいなしである。ドンブリに山と積まれた鮭《さけ》の頭と大根の煮もの、越後特産の油揚げ、豆腐の味噌汁をともにかき込みながら、ワイワイ、ガヤガヤ〝角栄独演会〟が行なわれていたものだ。

「総理は次官、局長がおってもおらっちのほうとメシを食ったぞ。メニューも、おらっちの家とちっとも変わらんですけ。偉くなっても先生は昔と少しも変わらんのう」で、支持はますます厚くなるといった具合であった。

人心収らんの妙の最たるものといってしまえばそれまでだが、まず仲間意識を高めた親近感ほど両者の垣根を取り払うものはないと知っておきたい。

「ユーモア」「明るさ」を嫌う者はいない

どのように「おもしろさ」を盛り込むか

田中角栄のスピーチの第二のポイントは、ユーモア、明るさを欠かさないという点だ。本来、あらゆるスピーチにはユーモア、明るさは不可欠なのだが、とくに田中の場合、元々が〝陽性人間〟ゆえか、ときにはホラに近いくらいにぎやかにブチ上げ、おおいに吹きまくるというのが特徴だ。これがイヤ味がないのである。とくに指導的立場にある人間は、極端にいえばおおいに吹いていただきたい。たとえ吹きまくられても、周囲はバカバカしいとは思いながらも陽気にはなっても決して暗くはならず、むしろスムーズに運ぶ場合が多いのである。

企業経営者のスピーチは、ともすれば「国際化時代の企業競争の激しさ……」「安定成長経済下の厳しい時代……」「円高不況の到来が……」といった紋切型の表現が多い。紋切型は、時間経過とともに説得力は弱まるのである。

日本人は、もともと情緒を重んじる。これは一方で、感性が豊かであるということであり、裏返せばどちらかといえば理論は敬遠しがち、ひたすら陽気で楽しいほうがよろしいという特質につながる。政界でも三木武夫《みきたけお》、福田赳夫《ふくだたけお》、宮沢喜一《みやざわきいち》といった元首相らにイマイチ大衆人気がわかなかったのは、かもし出すイメージ、いささかおもしろ味に欠けた〝理論的スピーチ〟から、明るさを欠いていたからとみられるのである。

5 北海道は熊だけになる ――極論

……北海道の鉄道は百年赤字だ。赤字でも鉄道を築いたから、百年かかって北海道は、四万の人口が五百六十万になった。北海道から鉄道をはずしてごらんなさい。熊《くま》だけになってしまうッ（爆笑）。

6 私はなぜ悪声か ――自虐ネタ

……私はね、以前ノドを手術してこんな悪声になってしまったんです。しかし、同じ医者から手術を受けた赤坂小梅《あかさかこうめ》（歌手）のほうは、ウグイスのような声になっちゃったんだ（爆笑）。

7 人は私をホメないねェ ——比喩①

……私はねェ、いつも一所懸命やっているのに、人はあまりホメてくれないねェ。まァ、人を押しのけて出てきたもん、しかたがないかもしれんがね（哄笑《こうしょう》）。

8 シャケも、ヨメも戻ってくる ——比喩②

……私はねェ、今、年間三百人ほどの大学卒業者のめんどうをみてますよ。ところが、この五年くらいで、半分はいい職場なら（新潟に）帰ってもいい、という者が増えている。まァ、五年もたてばシャケも戻ってくるわねェ。命をかけて行ったヨメも戻ってくるじゃねェですか（大爆笑）。

9 バッタはどこにおるんだ？ ——世代間ギャップ

……子供の教育は、ほんとは土曜日もふだんと同じようにみっちりやったほうがいいんです。そして、休むときは夏、冬、四十五日ぐらいずつ休ませる。この間、子供は田舎に寄こせばいい。おじいちゃん、おばあちゃんと遊んで、自然の昆虫や動物に接して、本当の自然教育を実体験で行なうんだ。今ねェ、東京の子供に〝バッタはどこにおるんだ〟と聞いてみなさい。〝三越だ〟というね。そんなバカなことがあるかッ（爆笑）。

10 冗談いうんじゃねェ——キメ台詞

……私が総理のときですがね、都議会で自民党が三分の一ではマズイと思ったんです。暑かったが、がんばりましたよ。田中を、あいつは選挙が大好きなんだなんていう奴がいるが、冗談じゃないねェ。たんぼの草取りみたいにアタマ下げて、ゴマすって歩くのをだれが好きかッ。まァ、美濃部《みのべ》都政を倒そうと思ったわけです。ところがマゴマゴしているうちに、田中のほうがひっくり返ったッ（注・タンがノドにつまって呼吸困難になった件）（爆笑）。戦争に負けて三十五年ッ。東京の道路整備は遅れた。交通マヒで物価も上がった。物価のミノべだ？　冗談いうんじゃねェ——。

みなさんッ。評判が悪くても、自民党がずっとやっているのはなぜか。まァ、**酒グセは**

西山町の実家で、近所のおばあちゃんたちと。みずから「おばあさん子」だったという田中の爆発するような笑顔は報道写真でみる強面のイメージとはかけ離れている

悪いが、働き者だから亭主をかえないと思うおっかさんの気持ちと同じだねェ（爆笑）。

これら例証はいずれも田中一流のユーモアの一部である。しかし、ここで重要なことは、田中が笑いをふりまきながら、聞き手の気持ちがゆるんだところでつぎにはピシャリとキメるところにある。前述の美濃部攻撃と、自民党の売り込みなどはその典型にあたる。

さらに、田中スピーチにはこうしたユーモア、明るさに加えて、それとない稚気がうかがえる。これも、田中スピーチの人気を支える要素ともいえた。稚気とは、〝チャメッ気〟である。子供のいたずらはかわいげのあるものだし、本気でこれを嫌う者はいないのと同列である。

次の政治評論家だった戸川猪佐武《とがわいさむ》の『小説吉田学校』出版記念会パーティ（東急キャピタルホテル）での田中スピーチは、まさにその白眉《はくび》であった。

11 吉田茂は佐藤栄作が嫌いだった――チャメッ気

……エー、田中角栄でございます。今、上野に着いてもっと早くここに来れるはずだった。まァ、都市政策がなってないッ。上野とここは五キロなんぼだが、四十五分もかかった。政策不在ということであります！　それでも国際経済力に耐えているのは、わが経済力の優秀性を証明しているッ。まァ、（遅れてはならんと思い）小出《こいで》（新潟県北魚沼郡小出町）からヘリコプターを呼んだが、双発なら行けるが、単発じゃあ雨でダメだというんですナ。いいから雲のなかに突っ込めといったッ。本人がオチてもいいから行くといってるんだといったんだが（大爆笑）。

みなさんッ。NHKの『おんな太閤記《たいこうき》』に匹敵するのがこの本であります。吉田《よしだ》（茂《しげる》）さんはバカヤロー解散で有名だが、いつもニガ虫をかみつぶしたような人だった。しかし、**憎まれる奴はやがて世に出る**（と、自分をナットクさせているふう）。私も政界に出て三十五年ッ、実録吉田学校を申し述べますと、吉田さんは佐藤《さとう》（栄作《えいさく》）さんよりも、池田《いけだ》（勇人《はやと》）さんのほうをかわいがっていた。このォ、**人間は自分より美男子でない、頭のワルイのがかわいいんです**。佐藤さんと一緒に写真を撮ると、見劣りがする。ケムタイわけです。諸君もそうだろう（爆笑）。

まァねェ、この本を映画化するというが、田中角栄はいい男にやらせたい。私も求められれば助監督をしたいと、こう考えておるわけであります（拍手）。

かつて、豊臣秀吉の若き日の木下藤吉郎《きのしたとうきちろう》時代の周辺は、いつも笑いに包まれていたとされている。〝陽性〟ゆえに人が集まったということである。世評、「春風や　藤吉郎の　あるところ」とも歌われていた。

「第一声」と「間」のとり方

なぜ冒頭部分を重視するのか

「……私が、田中角栄であります。ご存じのとおり、私は自分のためにすることがいっぱいある！　しかし、そうもいっておれないッ」

「……みなさんッ。この前、アメリカの新聞がインタビューに来て『ロッキードは？』と聞くから、私は、アメリカ風邪は間もなく治ります、といっておいた（爆笑）……」

テレビ、ラジオのアナウンサーは、まず第一声を大切にし、これに腐心するといわれるが、一般のスピーチの場合も第一声がきわめて重要である。

田中角栄のスピーチの第三のポイントは、この第一声のうまさにある。「ご存じのとおり、私は自分のためにすることがいっぱいある」「アメリカ風邪は間もなく治ります」と、スピーチの冒頭部分をまず重視し、当意即妙、まず聴衆をわかしてしまう。これで半分、成功したも同様となる。第一声の重要性は、会場の緊張をほぐし、以後のスピーチを自分のペースで進めることができることにつながってくる。以下は、その実例。

12 私が田中角栄であります!

……私が田中角栄であります! **ご存じのとおり、私は自分のためにすることがいっぱいある!**(爆笑)。しかし、そうもいっておれないッ。

みなさんッ、東京都は日本の顔なんです。田舎ほど自民党の勢力が強い。日本人のなかで、いちばん親からめんどうをみてもらって、いい職場につき、クルマ、テレビ、いいマンションに恵まれている人が、自民党にいちばん投票しないッ。そんなバカなことがあるかッ(爆笑)。

社会的恩恵をいちばん受けている人が、自民党に反対するのは間違っています。この会場にも新聞記者もいるが、大学出て新聞記者にでもなると、すぐ自民党はいかん、とこうなる(笑)。体制に反対の声をあげんと、おかしいのではないかと思っとる!

これは錯覚だねェ。油だらけになって、朝から晩まで働いている諸君は、自民党に入れてくれるんだ。なにが大学かといいたいよ(爆笑)。

(昭和五十六年五月、東京都議選応援演説で)

13 アメリカ風邪は治ります——スリカエの技術

……みなさんッ。この前、アメリカの新聞がインタビューに来て、「ロッキードは？」と聞くから、アメリカ風邪は間もなく治ります、といっておいたのであります（爆笑）。

いま、鈴木善幸《すずきぜんこう》という人が総理大臣をやっているわねェ。なるつもりはなかったから、こりゃ本人も驚いた（笑）。大平《おおひら》（正芳《まさよし》）クンが急死したあと、まァ、私は彼が二、三年やるはずだったんだから、大平クンのグループから出たらと提唱したんです。鈴木クン、伊東《いとう》（正義《まさよし》）クン、斎藤《さいとう》（邦吉《くにきち》）クンの三人で決めろやといっておいたら、トシの順で鈴木クンに矢が当たってしまったわけなんです。

みなさんッ。**総理大臣というのは、強いリーダーシップなど必要ないんですよ**。ありすぎるとよくないッ。他人のいうことをよく聞くほうがいいんです（笑）。

でも、あまり聞きすぎてもよくないッ。そういったことから考えると、鈴木クンというのはなかなかのもんなんです（笑）。

新聞には、鈴木クンはじつは田中派だなんて書いてあるねェ。しかし、これは間違いだ。じつは、私が鈴木派なんであります（爆笑）。

（昭和五十六年六月、南魚沼越山会青年部大会で）

浪花節から学んだスピーチ術

一方、田中のスピーチは、演壇に立ったあと、会場の緊張感と期待感を確かめるように、一瞬、会場を眺めわたし、天井などに視線を遊ばせて、数秒間の空白時間をつくったりするのも特徴だ。固唾《かたず》をのむ聴衆に向かい、ややあって、「えー、田中角栄でございます」とやるのである。どんな第一声が飛んでくるのか、まず聴衆の視線を引きつけ、聴衆の呼吸に合わせたところで「えー、……」あるいは、「みなさん、ええですか……」といった具合に入る。聴衆は何やらホッとするところである。やおら田中のスピーチは本題に入り、すでに完全に田中のものになっていくということである。

このことは、「間」のとり方を指さしている。田中は浪花節の〝名人〟として知られていた。こうした抜群の〝間〟のとり方は、そうしたところから体得したものともいえる。「間」のとり方とは、スピーチの途中でとるというのも有効である。

14 角栄ジイさんが来た、逃げろ！――孫ネタでひと息

……みなさんッ。今、都会では何もわけのわからんうちから、子供を三年保育かなんかにやっている。

まァねェ、私にも孫がおりますが、今、三年保育に行っているんです。しかしッ、ほんとは三年保育をやめて、西山町大字坂田《にしやまおおあざさかた》（田中の実家）に行ったほうがいい。あそこで子供を裸で放り出しておけば、三年保育が一年保育で立派に育つ。三年保育なんて、口ばっかり達者になって、こりゃあなんにもなりゃあせんッ。一昨日か孫のところに行ってきたら、「ジイさんが来た。逃げろッ」なんていう（爆笑）。

私の娘がどういう教育を孫にしてるかわからんが、これは許しがたきことです（哄笑）。笑いごとではないッ。いや、笑いのなかに真実がある。

（昭和五十三年七月、越山会全婦人部総会で）

田中のスピーチの途中での「間」のとり方の特徴は、「まァねェ」「みなさん」「そうでしょう」「まァ、そのォ」と巧みにひと息入れるところにある。論理の展開がくどくなり

そうになると、くだんの「間」を折り込んで話をひっぱり、ときに「笑いごとではないッ。いや、笑いのなかに真実がある」などとシメるのである。けだし見事というほかはない。

ちなみに、田中の「第一声」重視のエピソードとして、有名なブレジネフ書記長との大論争がある。

昭和四十八年――。

当時の田中首相は、懸案の北方領土問題の決着をつけるべく、ソ連（現・ロシア）入りをした。

田中首相とブレジネフ書記長は、田中が北方領土問題に言及すると、一方のブレジネフはその問題を避けるように話題をシベリア開発にもっていってしまい、その繰り返しであった。ごうをにやした田中は、最後の第四回会談の「第一声」で、

「私は、北方領土問題を話しに来た。それ以外は話さないッ」と切り出したのである。

結果、その会談は共同声明に「領土」の文言を「入れろッ」「入れぬッ」とやり合ってモメにモメたあと、田中が再び「領土の字句を入れぬなら、われわれは共同声明を出さずに帰国するつもりだ」と迫り、ソ連側はギリギリまで共同声明に「領土」の文言を入れることは拒否したのだが、最終的には「未解決の諸問題」の文言を入れこの字句のなかには

「領土」の含まれることを〝口頭了解〟するという形になったものであった。

今日、日ロ関係のなかであのときの「未解決の諸問題」の文言が、どのような重みを持っているかはあらためて指摘するまでもない。田中のテーブルを叩《たた》きながらの迫力に満ちた「私は、北方領土問題を話しに来た。それ以外は話さないッ」という「第一声」の先制パンチがなければ、あるいはこの日ソ交渉は、〝モスクワ・ペース〟となり、異なった展開となっていたと思われる。

「比喩」（たとえ話）の効果は抜群だ

タマゴ論法とサルカニ論法

田中角栄は大蔵大臣当時の昭和三十九年九月、予算編成の際、野党から所得減税か、あるいは企業減税でいくのかを迫られる一幕があった。

田中は当時、企業減税論者だったが、こんな「タマゴ論法」「サルカニ論法」で、持論展開をこころみている。田中一流のスピーチの特徴の一つに、比喩《ひゆ》の使い方があるということである。

15 タマゴを食うか、ニワトリにするか――経済問題

……タマゴをそのまま食ってしまうか、それともこれを一度かえしてニワトリにし、タマゴの拡大再生産といくか、どっちが賢いやり方かは子供でもわかる。国の経済全体を進ませなきゃならん。それにはまず、タマゴをニワトリにかえさんといかんのです。

16 にぎり飯か、柿のタネか——所得減税

目先のにぎり飯（当面の所得税減税）もさることながら、柿のタネ（企業減税）をまき、木（国民経済全体）が育てば、おいしい果実（将来の所得税減税）はおのずから食べられる——。

この〝論法〟の是非はともかく、一般にはむずかしい減税論をきわめて明快に解説していることはおわかりいただけるだろう。

スピーチは、ともすればゴリ押し的な説得を重視しがちである。しかし、場合によっては政治、経済のこむずかしい話をトクトクと語っても、聞いているほうがその半分も理解しないで終始してしまうということになりかねない。これでは、話し手のひとりよがりということである。

スピーチとは、あくまで自分の話を聞いてもらうことに意味がある。ひとりよがりは禁物である。そこを田中のスピーチは、次の比喩の巧みさで回避している。だから、説得力がより生まれるということである。以下、その好例を列挙してみる。

17 子供はなぜ先生の話を聞かないか ——教育問題

……どうですか、みなさんッ。学校の先生がデモで道をジグザグに歩いておって、子供にだけ真っすぐ歩けよなんていって、これ聞くもんじゃないねェ。そうでしょ。校長のいうことは聞かないッ。校長が首をくるところまで追い込むッ。そして、われわれは労働者でござあーいとくる。そんなバカなこと許されますかッ。教育は民族悠久の生命なのであります——。

18 歩道を歩いてみりゃいい ——道路問題

……道路問題にしても、なぜ狭いとか、専門家はいろいろ結論が出ないでしょう。道路がどれだけの広さを必要とするかを算出するには、実際にクルマを置き、オートバイを置き、下水幅をとり、歩道を歩いてみりゃいいんです。どんな本を読むより、自分でそれを置いてみるのがいちばん早道なんだ。地価の問題にしても、政府が悪い、自民党が悪いというが、建物を二階から六階にすれば、地価は三分の一に下がったことになる。十階にすれば、五分の一に下がったことになる。じつにかんたんなことなんであります！

19 田中の政治は悪くなかったなァ ――政治の基本

……みなさんッ。田中の新幹線なんか国費の乱費だ、それより世界の平和のためにカネを出すべきだ、なんて批判する奴もいる。バカヤローと答えたいねェ。そうでしょ。**政治というものは、まずメシが食えない、子供を大学にやれない、という悲しい状態から抜け出すことを、先決に考えなければいかんのだ。**現実を踏まえるものであるッ。

みなさんの農村を回ってみなさい。住む家よりもデカイ小屋を建て、農機具をしまっておる。これを見ると、田中の政治も悪くなかったなァと、こう思うのであります。

20 私はもはや芸者をやめた女中頭だ ――進退について

……私は、まァ十三年間ずっと走り続けてきたが、人間はたまには休まねばいけません。家のなかを治められんということでは、自ら責任をとるほかはない。まァねェ、みなさんも田中というつまらん奴を友人に持ったと、えー、自らの不明をもって許していただきたい！　私はもはや、芸者をやめて女中頭になったようなもんだ。いったんお座敷を引いたからには、再び出ることはないッ。そうはいかんのです（拍手）。

21 政治は相撲と同じじゃない ――選挙

……みなさんッ。**選挙というものは、今どこに問題があるのか、国民のまえに処方箋《しょほうせん》を明らかにしなければいけないんです。政治は現実であり、動いているッ。**ところがねェ、けさテレビを見たら、野党の諸君は「自民党の過半数を割らすことが目標だ」という。ナニをぬかすかッ。ただ割らすんなら、これは相撲と同じです。日本の政治でしょ、他人の馬が転んで、それを喜んでいるようじゃいかんッ（拍手）。

22 自民党はトラとハイエナの争いだ

……今の自民党というのは、まるでサクのなかにメス象（大平正芳総裁）が寝ていて、そのまわりを瘦《や》せたトラ（福田赳夫）と、ハイエナ（三木武夫）と、ハゲタカ（中《なか》曽《そ》根《ね》康弘《やすひろ》）がうろうろしているようなもんだ。野党の奴らは、サクの外で見ているだけだねェ。無所属の田中となると、頭をサクの外に半分出しているライオンでありますッ。ええですか。トラやハイエナやハゲタカは、今、勝手なことをいっておるが、メス象は怒り出すとコワイぞ。手に負えなくなることが、わかっておらんのであります！（拍手）。

23 父ちゃんは家を守らんでいいのか――社会党批判

……社会党のように、無防備、無抵抗、中立なんてダメだ。みなさんの家に強盗が入ったらどうする？　父ちゃんが壁のほうを向いて無防備、無抵抗、中立だなんていっていたらどうする？　家族を守る力がないと、奥さんは（実家に）帰ってしまうわねェ（爆笑）。

24 田中派は黙ってワラジをつくる人だ

……カゴに乗る人、かつぐ人、そのまたワラジをつくる人だッ。ワラジをつくる人がなくて、カゴに乗っていられるか！　黙ってカゴをかつぎ、ワラジをつくっているのが、われわれ木曜クラブ（田中派）ということでありますッ（拍手）。

25 中曽根クンに与えた一言——総理大臣とは

……中曽根（康弘）クンに一言だけいったのはネ、こういうことです。ぼくは総理になるまでに、三十年間、ネットのなかにおったんだ。球拾いをしたり、ゴミを取ったり、掃除をしたり、たまにはボールも投げたし、受け取ってもみた。しかし、君はおおむね、ネットの外にいたんだ。まァ、総理総裁になったんだから、なんでも自分でやろうとせず、役人のうえに乗っかってろよと。これだけはいってある。友情としてだ。

ちなみに、**24**、**25**は田中派は派内に異論があるなかで、田中の「鶴の一声」で中曽根を総理大臣に担ぎ上げた際の

昭和59年、木曜クラブの総会のパーティー。最前列には竹下登、二階堂進と大笑いする後藤田正晴ら幹部が並ぶ。そのほとんどがすでに他界した

スピーチである。ところが、その中曽根が田中の意向に逆らうように〝一人歩き〟を始めた。田中の「調子に乗るなよ」の警告でもあったのだ。そこを巧みな比喩でチクリは、改めて田中スピーチの見事さを表わしている。

「夢」を盛り込め、いつでも夢を！

スピーチと先見力・統率力の関係

成功するためのスピーチには、ユーモア、明るさが不可欠と記した。また、比喩の有効性も指摘した。

しかし、田中角栄のスピーチで目立つのは、これらに加えて「夢」を投げかけることである。ひと昔前の吉永小百合《よしながさゆり》と橋幸夫《はしゆきお》の歌ではないが〝いつでも夢を……〟なのだ。

老若男女を問わず、「夢」を与えられて不快に思う者はいないということである。いかに先見力と統率力を示せるか、いうまでもなく人を動かすリーダーの条件である。

古今東西、多くの言葉もある。

たとえば、ナポレオンは「人間を動かす二つの梃子《てこ》は、恐怖と利益である」といっている。また、中国の古い兵法書では「人を動かす原理は、

1. 嚇《おど》す
2. 利益を与える
3. 愛情をかける

――の三つを使うこと」だと説いている。利益を与える、愛情をかけるとは、この「夢」を与えるということにほかならないということである。

余談になるが、あるプレイボーイ氏によれば、女性を口説くには徹底的に夢を語ることだというのである。彼女のこれからの人生の夢を描いてやる。男としての自分の夢を語る。彼女と自分はどんなにすばらしい恋人になりうるかの、夢も語るのだそうだ。女性は夢のなかをさまよわされているうちに、気がついたらベッドのなか……ということらしいのである。

現実政治家といわれた田中角栄にして、この「夢」の与え方はじつに巧みだった。

26 長岡ニュータウンは、ゆりかごから墓場まで

……みなさんッ。今、長岡《ながおか》ニュータウン建設をやってるねェ。あそこだけで一万戸、五万人が入る。これほど集中的に社会投資するところは、日本中ほかにないのであります。ゆりかごから墓場まで、保育所から長岡技術大学まであるでしょ。ないのは火葬場だけだッ（爆笑）。その火葬場もね、じつは今、ケムの出ないのを研究中なんです。外観からして、

見るからに火葬場というアレはよくない。白亜の殿堂で、病院か、研究所かわからんようなのをつくって、知らんうちにすーッと入れるようにするんです（爆笑）。ええですか、みなさんッ。**人間かならずお世話になるものを整備するのが、政策の基本**ということであります！（大拍手）。

（昭和五十六年夏、新潟県長岡市での演説会で）

27 田中は、魚沼市をつくる

新潟県は明治十三年、日本で最大の人口を持っていた。信じられんかもしれんが、これはウソではない。今、人口二百四十五万人。しかし、同じくらいの人が県外に出ている、外国にも出ている。一次産業の高い新潟では、子供が五、六人育っても、田んぼを分け与えられなかったからなんです。

だから、田中は高崎《たかさき》（群馬県）へ行っても人気があるねェ（笑）。新潟県人が多いからでありますす。このォ、群馬県人の大会でね、「群馬県の金持ちはみんな新潟県人だ」といったら、大きな拍手があったんです。福田赳夫クンも「うまいことをいうなァ」と感心しておったが、「上杉謙信《うえすぎけんしん》は群馬の出身だ。〝悪女〟高橋《たかはし》お伝《でん》は群馬県人といわれるが、よく調べたら新潟の人だった」なんてもいうんだ（笑）。政治家は、ホントによくいうねェ（笑）。

まァねェ、私はね、魚沼市をつくりますよ。しかし、土地は売ってはいけない。工場、学校をつくるために貸して、二十年後に値上げすればいいんです。そうすれば、コメの三ないし五倍はとれるようになる。新幹線が開通し、土地を売りに出すと坪十七万五千円になるッ。そのォ、いたれり尽くせりになりますよ。

全国に四つしかない大学院大学が、これも長岡にできる。親は土曜、日曜はこっちにいて、月曜日に東京に帰ればいい。東京では買い物に行くと刃物が飛んでくるが（社会事件を皮肉ったモノ）、六日町《むいかまち》にはそんなことはないッ（爆笑）。**すべては、交通の整備で解決がつく。**

世界の主要工業国は、どこも雪の降る側にあるんです！（大拍手）。

（昭和五十六年七月、南魚沼越山会青年部大会で）

28 新潟から東京へ通勤が可能になる

……エー、こうした水不足、都市化のデメリットに対して、わが新潟県には水がある。

それは雪だ！　雪は最大の財源なりということなんです。まァ、コメづくりは五町歩やっても、その収入は二次産業とは比較にならん。苦労して減反してもコメの値は上がらない。一方、新聞の株式欄を見ると、いちばん安いのは鉄会社で、これを引っぱったり、延ばしたりする二次加工はもっと高い。いちばん精巧に加工する時計なんかは、さらに高い。

　みなさんッ。このような二次産業がこれから栄えるのが、日本海側の雪のある地帯なんですよ。雪は国力です。上越新幹線が完成して交通網がしだいに整備されれば、もう出稼ぎも、子供たちが外に出なくてもすむ時代がかならずやってくる！

　今、不景気だ、不景気だといわれているわねェ。日本経済という大きな木に、枝葉は茂っているが、幹に白アリがくっている感じがしないでもない。そのォ、池田（勇人）や田中の高度成長論がけしからんという奴がいるが、ホントにそうだと思いますか。私が三十年まえから考え続けてきた政策の方向ッ、物の考え方ッ、決して誤りではなかったのであります（拍手）。今の困難はかならず解決します。みなさんッ。死ぬまで働くのが雪国に生まれた私の宿命なのであります！

　……いずれにせよ、新潟県もここ二年ほどで大きく変わる。新幹線ができれば、一時間半くらいで東京へ行ける。通勤しようと思えば、運賃は会社が持ってくれるからできる。

上越新幹線に見送りに来た人々に敬礼ポーズ。上越新幹線（大宮―新潟）は1982年に開通。「これで新潟の産業は力を持つ。生産力は5倍、10倍に増えるだろう」とまさに田中は人々の夢を有言実行した

まァ、田舎に自分の家を持っているような社員は堅実だし、どこの会社も欲しがりますよ。よく働いてくれるし、余計なうるさいことをあまりいわんもの（笑）。……外からも、ワンサと新潟県にやってきます。わが郷土には、豊かな水と広い土地があるからねェ。生きていくには、水が欠かせん。東京では水が足りなくて、信濃《しなの》川の水をくれといってきた。ダメです。水をやるわけにはいかん。欲しければ、こっちに来たらよろしい。新しい日本のフロンティアは、水のあるところに求められる！（拍手）

（昭和五十三年六月、三島《さんとう》郡全越山会大会で）

田中はこの手で、新潟県人を〝籠絡《ろうらく》〟してしまった。〝いつでも夢を〟、ふりまくべしということである。

「自尊心」をどのようにくすぐるか

人は自尊心を傷つけられると背を向ける

自尊心を持たぬ人間はいない。人間は持ちあげられれば、だれでも心地悪かろうはずはなく、逆に傷つけられればまた背も向けたがる。

田中角栄のスピーチは、しばしば卓抜な気配りのなかで、相手のこの自尊心をくすぐり、相手を引っぱり込むことに成功しているということである。

好例をあげてみよう。

昭和五十八年一月、折りから東京地裁で懲役五年、追徴金五億円の「ロッキード求刑」を言い渡された直後の田中は、その年の暮れ総選挙に立候補した自派の新人候補である元通産官僚の松田岩夫《まつだいわお》の励ます会（東京プリンスホテル二階の宴会場）で、つぎのような挨拶《あいさつ》をした。

29

私は人を励ますガラじゃないが……――さりげない一言

……えー、田中角栄でございます。私はいま励まされる立場で、励ますガラじゃないんですが（哄笑）。

この部屋はたいへん縁起がいいんですナ。なにしろ、結婚式をやるところでありますから。じつはッ、この部屋の隣りにもっと広い部屋がある。それを松田クンにいったんだが、彼は地味にいきたいという。松田クンはまじめな人物であります。

まァ、そのォ、松田クンはあえて物議をかもしているところ（田中派）に来た（爆笑）。これは並み大抵のことじゃないッ。みなさんッ、ここにいる松田クンには、昭和四十七年、私が総理になってすぐ、サクラメントの会談でたいへんお世話になった。（松田クンは）昭和十二年生まれッ、四十六歳かな、いや満だからまだ四十五歳ですか。まァ、一歳違うとか二歳違うとかいっているようでは、政治家としては大成しない（爆笑）。私はやがて六十五歳になるが、二十歳も違う。しかしッ、みなさんにかわいがってもらわないとダメだ。

（一転して）自民党に五つのグループ（五派閥）しかないのはどうしてですか。（衆院には）六人区がないからであります。そんなことは自明の理だッ。だから、五人区に五人の自民党候補者を出してもおかしくはない。まして二人出してもいいッ。

（会場をひとニラミしたあと）見なさい、大臣経験者がこんなにいる。（田中派が）総合病院といわれるのも当然のことでしょう。あまり警察（出身者）が集まると困るけど（爆笑）。とにかくッ、四十五歳は決して若くない。私は五十四歳で総理大臣になっている。（最後にドスをきかせ）私もさらし者になってまで登壇している以上、おざなりの挨拶はできないのであります！

「おざなりの挨拶はできないッ」の意味

このスピーチには、いささかの説明が必要だ。

まず、田中はさりげなく松田を持ち上げることで彼の自尊心をくすぐりながら、一方で参会者にも彼を売り込む。このスピーチの前段で、すでに松田自身への満足感は果たされている。ついで、田中は自派拡大の〝便法〟として、松田が出馬する岐阜一区（定数五）の自民四人、共産一人の現状を底流に置きながら、その自民四人の一人に自派の松野幸泰《まつのゆきやす》（元国土庁長官）がいるのに、あえて田中派代議士をもう一人送り込むことの正当性を主張したのだった。

他人の励ます会を借りて、一方で自分の売り込みもしっかりと果たしているのである。そして、その主張を参会者が半ば気を緩めて聞いているのを承知しているから、「おざなりの挨拶はできないッ」とシメでドスをきかせ、参会者にはピーンと一本筋を通すのである。

見事というほかはない。笑いに包まれた田中スピーチも、田中が去ったあと会場に残った人々の心に残るのは、何やら田中角栄はやはり凄い人だというイメージである。こうして田中は、自らをいっそう〝大きく見せる〟ことに成功した。

軍団を前に演説し、檄を飛ばす（昭和59年9月）。「ファインダーでクローズアップすると、背筋が凍るほど恐ろしかった」とは写真家の山本皓一氏

しかし、一方で自尊心をくすぐる場合は直言、諫言の類いは避けたほうがいいということがある。自尊心とはそれぞれで受け止めかたが違い、ああせいこうせいはお呼びでなく、むしろハネつけられることを理解すべきである。また、見えすいたお世辞も、自尊心をかき乱す結果しか残らない点を知っておいたほうがいい。

田中の自尊心をくすぐるこうしたスピーチには、直言、諫言《かんげん》、見えすいたお世辞はいっさい出てこないのが特徴ということなのだ。

「詭弁」にも効用がある

話の味つけ

「カラスは白い！」といいはっても、これはだれも信用しない。が、世の中、〝善意のウソ〟は立派に通用する。

たとえば、激励会や結婚式のスピーチはある程度の脚色が許される。聞き手はこれを〝ご愛敬〟と受け取り、阿吽《あうん》の呼吸で了解しているから許される。加えて、こうした場合の〝善意のウソ〟は、話の味付けになるという効果もある。

もともと、商取引などの交渉ごとは、ある種のウソがつきものだ。本音は置いておいて、ハラのさぐり合いのなかで〝ウソのボール〟を投げ合う。投げ合っているうちに、相手の球筋が見えてくる。そして、やおら本音で入る。これは「詭弁《きべん》」の効用ということである。言葉を換えれば、〝ウソも方便〟ということになる。

「詭弁」のまかりとおる、最たるところが国会だ。審議論争は、すべて〝詭弁の論争〟といってもおかしくない。たとえば、憲法第九条の自衛隊違憲論争。戦後間もなく、「アレは軍隊ではない」と時の吉田茂首相に言明させて警察予備隊でスタート、保安隊、自衛隊と名を変えながら、エンエン七十年近くも「詭弁」の大論争が続いているということである。

一方、田中角栄のスピーチもまた「詭弁」の洪水であったといえなくもない。ときに、論旨不明瞭《ふめいりょう》なそれをたっぷりとふりまき、加えて笑ったり、恫喝《どうかつ》されたりの〝角栄独演会〟は、終わってみると何やらホントらしい気分にさせられてしまうのだから、これもまた一つのスピーチ術といっていいのである。

30 昭和二十八年、坪九千円で買った——時代差で目くらまし

……えー、たしかに愉快な問題ではございません。しかし、まァ、目白にこれだけの家を持っていることについても、収入はあったのか、あるいはだれから買ったのかというようなことだが、今の家が二十億、三十億もするといいますがね、昭和二十八年には坪九千円で買ったもんなんです。今、全部調べてからでなければ観念的にはいえない。そのォ、証拠をつけていわねばならんッ。（首相を）早くやめちまえ、という声があるかもしれませんがね、私はそれに耳をふさごうとは思わないが、エー、いずれを優先させるかを考えね

ばならんのです。まァそのォ、とにかくよく調査して、自分が正しいことを国民に理解してもらう努力をするッ。

これは昭和四十九年、雑誌『文藝春秋』によって追及された金脈問題に対する弁明だが、まさに矛盾と詭弁そのものの好例といえるのだ。

「二十億、三十億」を、昭和二十八年までさかのぼって「坪九千円」と言い換える。「三十億円」と「九千円」では、聞くほうはなんとなく「なんだ、ささいなカネだったんじゃないか」とゴマカされる。今のカネに換算するといくらくらいになるという点を、はしょっている〝手品〟である。加えて、「証拠をつけていわねばならんッ」「（首相をやめることも）いずれを優先させるかを考えねばならん」「よく調査して国民に理解してもらうよう努力する」と〝正論〟をブチ上げているが、このときの約束は守られずに終わっている。見事な「詭弁」といっていいのである。

もう一つ。ロッキード事件で逮捕、収監された直後の、昭和五十一年暮れの総選挙の演説会でのスピーチがある。

31 丸紅から受け取ったカネ――論旨のスリカエ

（すかさず「丸紅《まるべに》から受け取ったカネはなんだッ」のヤジ）バカなことをいうナ！　この問題に対しては短い時間が真相を解明し、解決をはかるのであります。

ええですか、みなさんッ。**いやしくもねェ、日本の総理大臣たる私やらニクソンさんが、民間の航空機を購入するような問題を話し合ったり、関係することがありますか。これはありえないのであります！**　これはきわめて単純な案件であり、短い間に明白になる予定であるッ（拍手とともに、「春には公判が待ってるぞッ」のしぶといヤジの追撃あり）。

ロッキードは、もういいッ。今、田中に、もっと経済政策をやらせろという声がホウハイとしてある。そのことなんです。このままではつぶれる。つぶれたらたいへんなんですよ。人が死んでから医者が来てどうなりますか、みなさんッ。重症にならぬうちに、危篤にならぬうちに、社会的混乱を起こさぬうちに政策を行なうのが、政治の責任でなくて、いったいなんでありましょうか（拍手）。

これも「詭弁」の〝名スピーチ〟といえる。疑惑に対し、「単純な案件」「短い時間が真相を解明し、解決をはかる」と自信を見せ、軽く一蹴《いっしゅう》したところで支持者をひとまずホッとさせ、「（総理や大統領が民間機購入について）話し合ったり、関係することがありますか。ありえないのであります！」と力説する。いくら力説しても双方が否定すれば〝藪《やぶ》の中《なか》〟、だれも知っちゃあいないから、こんなことはだれだって見得《みえ》を切ることは難しくない。そして一転、「ロッキードはもういいッ」と自ら宣言して当面の政策課題の必要性を訴え、聞く者に「ナルホド、もっと大事なことがあるんだ」と思わせてしまう。このロッキード事件から経済政策への論旨の切り換えにはまったく脈絡がなく、スリカエにすぎないのである。が、こうした論旨のスリカエも、また有効な「詭弁」の一種であり、田中スピーチのおおいにトクイとするところでもあった。

このように、「詭弁」といった〝超論理〟も、ときに有効性を発揮するものであることを知っておいたほうがいいのである。

「ユニークな発想」で意表を突く

エリート官僚をアッといわせた理由

田中角栄のもとに多くの官僚が群れた理由の一つに、田中が役所のなかでは官僚が及びもつかぬような「ユニークな発想」の持ち主だったからだという点がある。

このユニークな発想は、じつは政治家田中角栄の原点でもある。田中は昭和二十二年四月、初当選を果たしているのだが、そのさいの街頭演説はなんともだユニークなもので、おおいに人気を集めたものであった。

32 新潟、群馬県境の三国峠を切り崩せ——ホラは大胆に

……みなさんッ。この新潟県と群馬県の境にある三国峠《みくにとうげ》を切り崩してしまう。そうすれば、日本海からの季節風は、太平洋側に抜けてしまい、越後には雪は降らないッ。みなが、大雪に苦しむことはなくなるのであります。

切り崩した土砂？　土砂は日本海へ持っていく。日本海を埋め立てて、佐渡と陸続きに

させてしまえばええのであります！

新潟県民は毎年、決まってドカ雪に苦しんできたから、選挙民はこの〝提案〟にはさすがにド胆《ぎも》を抜かれた。しかし大ボラに近いとわかっていても、雪に対してはだれでも大きな関心がある。当時、海のものとも山のものともつかぬ二十八歳のチョビひげ土建屋社長候補者にまずは関心の目を向け、結局は一票を投ずることになったのである。かくて、政治家田中角栄の第一歩はここから生まれ、こうした大ボラに近いユニークな発想が、のちの総理大臣を誕生させたということができるのである。

田中のこうしたユニークな発想は、いくつでも例をあげることができる。「あの浅間山《あさまやま》のドテッ腹にトンネルを掘れ。非常に熱いところにブチあたる。その熱を利用して発電所をやればいい」といった具合である。

この田中のユニークな発想は、政治家となるといっそう磨きがかかっっている。「日本には、ゴルフ場が多すぎる」という声が出れば、田中は「とんでもない。山を削ってゴルフ場をたくさんつくっておけば、万一、国家になにか起こっても、畑に転用でき、食糧を確保できる」といった具合だった。

ユニークな発想はまた、比喩の効果、詭弁の持つ奇妙な説得力と、一脈通ずるところがあるといえる。つまり、ある種、意表を突き、聴衆の関心を話し手のほうに向けさせるという手でである。

しかし、田中のこのユニークな発想は、たとえば、自らが議員立法で成立させた「ガソリン税」では、実を結んでいる。田中は、戦後まだマイカー時代がやってくる以前、「ガソリンに税をかけよ」と議員立法を提案した。自動車時代の到来を読んだうえでの卓見だった。

自民党内、官僚、経済学者をまきこんで、このガソリン税案は大きな論争をまきおこした。「そんなことをしたら、クルマに乗る者はいなくなってしまう」という自民党代議士と官僚、「政府固有の予算編成権を拘束する目的税法は憲法違反」と経済学者が、目を丸くして当惑、議論するなかで、田中はつぎのような論理を展開したのだった。

33 なぜガソリン税が必要か――先見の明

……ええですか。自動車が走るにはまず道路がいる。歩道ならともかく、自動車道路となれば舗装が必要だ。道路をつくり、舗装するにはカネがかかる。それなら、クルマを走らせるためには、まずガソリンが必要なのだから、ガソリン税をとって財源を確保し、道路づくりをやるべきだ。

道路がよくなれば、クルマの利用者は増える。ともなって、ガソリン使用量も増える。ガソリン税が入れば、それをまた道路づくりに回せるということであります。

結果、ガソリン税構想は、昭和二十七年、「道路三法」の一つの道路整備緊急措置法として成立したのだった。道路法改正道路整備特別措置法（有料道路法）と合わせ、敗戦で崩壊した日本経済の復興に多大な寄与をすることになったのである。わが国の驚異的な復興テンポは、この「道路三法」なくしてはなかったともいえる。

「数字は魔術」、どう効果的に使うか

政治、経済問題をどう庶民レベルに話すか

田中角栄が記憶力の凄さと数字にめっぽう強かったことは、すでによく知られている。田中スピーチは、じつは詭弁もユニークな発想も、多くの数字に裏づけられていることが説得力を持つ大きな背景になっている。

政治、経済というカタイ話が、たとえばそのスピーチではコメの出来高、ブロイラーの値段といった庶民が関心を持つ話のレベルに引き下げられ、具体的な数字を並べて語られるからわかりやすい。むずかしい話も、身近な数字をあげられて説明されると、聞き手にはより有力な説得力になる。数字は、魔術である。おおいに効果的に使うということである。田中スピーチから、数字が効果的に使用されている例を拾ってみる。まるで、数字の〝連射砲〟である。

34 百八十億ドル輸出が多い ――対アメリカ貿易黒字問題

……今年（昭和五十七年）は、百五十億ドルの対米貿易の黒字です。それが百八十億ドルになった。百八十億ドルとは、どういった数字か、かんたんに申し上げますと、こうです。世界でもってね、約五十億の人たち、百五十の国々がやってる貿易量は二兆ドルです。日本のやっておるものは、その十分の一の二千億ドルッ。そのなかで日米間は六百億ドルだと思っておったのが、じつは七百億ドルくらいになるんです。往復七百億ドルのうち、百八十億ドル、日本からの輸出が多いとしたらどうですか。六百億ドルとするとね、三かける六でイコール十八ですね。六百億ドルのうちの三分の一は、日本人が押し込んで儲けていると、こういうふうに向こうはいっているんです。日本は儲けていませんといっても、そういうことをいわれているんだ。

35 負担は孫の代までかかる ――新幹線の工事費

……（窓外の工事中の上越新幹線を指して）あのコンクリートの芸術品。アレね、今キロ当たり四十億円ッ、始めたころは二十億円だった。ところが、私がしたことでないのに（ロッキード事件で）ガタガタしているうちに工事が遅れた。六千五百億円が、今一兆三千八百五十億円だ。この負担は子供の代、孫の代までかかりますよ。そうでしょう、みなさんッ。政策を決めたら、待ったなしに行なわれなければならんのであります。

36 ダムは千五百カ所必要だ

……昭和二十年のセメント総生産高八十七万三千トン、昨年が八千五百八十八万二千トン。骨材は二十年が三千八百万トン、昨年が八億一千七百万トンであります。高度成長のおかげですが、そういうものが長く続くはずがないッ。では、どうするか。これが十五年たった砂利協会のテーマでなければならない！　砂利協会にとってだけでなく、きわめて重大な問題であります。

まァ、日本は九十三パーセントが山でありまず。台風が来れば、砂利があふれるくらい流れます。そういう意味で、日本の砂利や砂がなくなるということはない。しかしッ、昔のように信濃川が越後平野をつくったような流れ方はしていない。治水、利水がダムをつくる。砂利、砂が出てこない。その代わり山の砕石を使ったり、海砂利を洗ったり、田んぼを掘ったりという事態になった。

では、戦後ダムがどれくらいできたかというと、これが千三十三カ所ッ、現在建設中のものが五百四十二カ所ある。さらに、これから建設を必要とするものが、約五百六十ッ。まァねェ、私が昭和三十年に治水十カ年計画の会長をやったとき、大蔵省は昭和六十年までに百五十カ所のダムをつくればいいといったが、私は千五百カ所の予算要求をしたんだ（笑）。ために、土方（土工工事業者）代議士なんていわれたッ（大爆笑）。

37 小千谷がいちばんよくなるッ

……明治から百年ッ、新潟県は出す一方だった。みなさんッ。これからはもらうのがあたりまえなんです。信濃川第二発電所工事八百五十億円ッ、妙見堰《みょうけんせき》二百八十五億円でいずれ工事がはじまる。私が半年前にいったとおりになっているではねェですか。小千谷《おぢや》に東京三洋が来たのは、小千谷大橋がかかったからですよ。十月一日に関越（道路）が全面開通されると、小千谷がいちばんよくなるッ。東京三洋六千人ッ、松下電送二千人ッ、家族合わせて四万人だ。だから、関連産業が栄える。農地の二割を大規模産業の用地にするッ。新潟県にこんな企業が十も来たら、五倍、十倍の人口になります。そのために新幹線を通したんだッ。今後十年間に、新潟、大阪間の北回り新幹線もまた通すのであります！（大拍手）。

38 四百万円といったら米百俵だ ――米価問題の考え方

……ええですか。いいとか、悪いとかいっても、今の高校卒業生が二十年、二十五年働くと、平均給与が年間四百万円になります。四百万か、四百五十万、平均ですよ。コレ、男女全部入れてそうなります。四百万といったらどうですか。コメ一俵二万円ですから、二百俵だ、二百俵ッ。二百俵の米を穫るには少なくとも夫婦と子二人ではね、日曜も祭日もなく働かなければ、二百俵にはなりませんよ。延べ人員で計算して割りますと、そういうことなんです。それとね、二百俵というと、まァ五人でね、いくらメシ食わなくとも二百俵のコメを穫るには十俵は食うんですよ。そうするとね、四百万円の収入を得るためには、コメはいったい何反つくらなけりゃならないですか。計算すりゃあすぐ出る。コメが高いなんて、ナニを寝言いうかだ。なかったときはどうでした。本当に苦しかった。しかし今、コメはいくらでもあるんです。あるんだというなら、主食はやがて不足するなんて寝言はいわんことだッ。

スピーチとは、あくまで話し手側の論理の展開であることはいうまでもない。ここでは、ときに上手なホラもまかりとおる。しかし聞き手は、その話がホンモノかどうかに疑念を持つ。そこに数字の裏打ちがあれば、ナルホドと思うのは人情というものだ。数字以上の説得力はないと知るべきである。

上越新幹線での移動中に書類に目を通す。数字に強く、記憶力抜群で速読も。入省した大蔵官僚の心をつかむために、入省年次、学歴、誕生日、家族構成まで知らべ上げていた

エピソード中心主義

知りたがっている話をするのは当然だ

「他人に話を聞かせるのだから、聞く人が知りたがっていることや、興味のあることを話してやるのは当たりまえじゃないか」

これは、自ら語った田中角栄の〝スピーチ術心得〟だが、田中はここでは言外にエピソードが不可欠を示唆している。

田中は、いろいろな人物についての〝情報通〟で鳴っていた。全国に張りめぐらされた広大無比の人脈、独自の〝田中調査機関〟、彼自身のスタッフである数十人の秘書などといった情報源があったから、田中スピーチはなるほどエピソードも豊富なのだ。

39 中央自動車道が開通したのも金丸クンの政治力

……みなさんッ。金丸《かねまる》（信《しん》）クンはよく口ではズケズケものをいうが、ホントはシンから人情こまやかな人なんです。

目白邸での新年会で金丸信幹事長とオールドパーを。オールドパー好きと思われていたが、孫におじいちゃんといわれるのがいやで、「大きいパパ、オーパ、オーパ」と教えているうちにウイスキーも「オールドパー」へなった。結局、孫は「おじいちゃん」と呼んだ

ええですか。中央自動車道が開通したのも、これはなにより金丸クンの政治力なんですよ。

まァ、金丸クンは近代化した武田信玄《たけだしんげん》ッ。私は上杉謙信《うえすぎけんしん》だなナ（拍手、哄笑）。

……金丸クンというのはね、じつは、こりゃ、酒屋のオヤジなんです。彼のオヤジは県会議員だったし、まァ、〝昭和の武田信玄〟というところだ。

甲州というのは、越後と違ってコメのないところなんです。山紫水明ではあるが、気候はなかなか厳しい。そのなかで、城もつくらず、盾によって甲斐《かい》の人びとを守ってくれたのが信玄だ。

やっぱりね、そういう血が流れている。

ポンポンいうし、いっても、あんがい、憎まれないところもある。
……まァ、政治家のなかには、二つのタイプがあるんです。朝、新聞を読んでから行動を起こすのと、黙ってどんどん飛んで歩くと、新聞がついて歩くのとね。金丸クンというのは、これはどんどん自分でやるほう。やるから記事になる。自分からマスコミを使って反応を見るというタイプではない。新聞を……、あれ、金丸クンは新聞なんか読んでいるのかなァ（笑）。

（「ペントハウス」昭和六十年二月号より）

40 日本には神風が吹いた——戦後日本の繁栄

……まァ、戦後三十八年、日本はそのうち二十年で今日の繁栄を築いた。その二十年間に神風が吹いた。日本人も働いた。みなさんッ。社会党が農地解放をやったといいますがね、ホントはあれはマッカーサーがやったんだ。社会党はね、昭和二十四年の選挙のときに、山林解放をやるといったんです。山しかない国で、山まで分けたらどうするんだ！　冗談いうんじゃないッ。そうでしょう、みなさんッ！

（昭和五十八年三月、統一地方選をまえに越山会後援会総決起大会で）

田中スピーチの「じつは……」「ホントは……」に続いて披露されるエピソードは、よほどの情報、そしてその蓄積がなければ出るものではない。

一方で、田中流の情報収集は、一般には通用しないではないかという向きがあるかもしれない。オレはそんなに人脈も豊かでないし、ポケットマネーを使って独自の調査機関づくりなどめっそうもない、本来、秘書的存在であるカミさんでさえ、いつもソッポを向いているくらいだという向きがあるかもしれない。

が、ちょっと、待てである。今の時代はインターネット、テレビ、新聞、雑誌と情報の洪水である。これはどこかで使えそうだ、会議のマクラに使ったらみなが喜ぶことうけあいだ、そんなヒラメキがあったときはすかさずメモをとっておくと役立つ。こうしたメモを構築していくと、どこかで話の本題に結びつけられることがけっこう多いのである。

エピソードのネタは、自ら集めてはじめてスピーチの〝血肉〟となると知るべきである。

話の「メリハリ」をどうつけるか

なぜ、退屈なスピーチになるのか

スピーチには、いうまでもなくメリハリが重要である。退屈なスピーチは、一般的にこのメリハリが明確でない場合が多い。

では、スピーチのメリハリはどうつけたらいいのか。

たとえば、田中スピーチの場合は、

・まず、結論を述べる

・つぎに、本題（具体的説明を述べる）

と、話をバッサリ大きく二つに分けることが多かった。

41

総理におうかがいしたい

……民主政治とは、責任政治の確立であり、国会正常化をはかるためには政党の自粛自戒とともに、国会運営の制度にも再検討を加える必要がある！　国権の最高機関から、反議会的な思想と行為を排除すべき厳しい態度をとるべきだと考えるが、首相の所信をぜひうかがいたい。

社会における暴力、とくに政治暴力は左右を問わず、また個人、集団を問わず、厳に排除されなくてはならないッ。私は破防法のような法律制定だけで、すべて政治暴力が根絶するとは思わないが、民主主義を守るための前進手段の一つだと確信するのであります。大きな不祥事件は、これは起きてからでは遅い。政府はこの、よってきたる原因をきわめるとともに、民主主義の根底をおびやかす政治暴力の排除と根絶に、万全を期すべきである。そのため、取り締まり機構の整備はもとより、必要な立法措置についてためらうことなく推進し、政府の責任を果たすべきと考えるが、いかが思われるか。

42 なぜ地域開発を重視するか

……これまでの経済政策は東京、大阪へカネを注ぎ込むことがいちばん効率的だという考え方だったが、じつは、これは効率的ではないんです。もとは効率的だったが、今は効率的じゃない。

なぜか。人口が、産業が、そして文化が集中しすぎて、とにかく地下鉄工事をやれば、最低キロ当たり四十五億円もかかる。ところが、オリンピック高速道路一本にかけたカネを九州へ持っていくと、九州中の道路が全部舗装、改良できる。すると、東京の一本の道路による経済指数より、南九州の道路整備による工業化のほうが、効率がいいという指数がはじかれる。

……沼田ダムをつくると、東京の水の状態はたしかによくなるが、それだけのカネを四国四県に投資すれば、四国県民の所得が二十倍にハネ上がるんです。ぼくはね、**今は明治百年続いた財政政策の転換だと思うんです**。予算には額は少ないかもしれんが、とにかく、地域開発重視の方向をはじめて取り入れたんです。鉄道、道路、港湾などの公共事業長期計画をもう一度検討して、集中投資をやろうと決めたのであります。

（「新潟日報」昭和四十年一月一日付より）

41は昭和三十七年一月末、当時の田中角栄政調会長の自民党代表質問第一陣での弁。42は三十九年十一月、田中が大蔵大臣四期目にあたっての〝祖国・新潟〟の青写真を語ったときのものである。二例をよく読み比べていただきたい。ともに、田中の話は、大きく二つに分かれていることにお気づきだろう。前段でまず結論をのべ、後段で具体的説明の本題に入る。つまり、話のメリハリがきいているのである。退屈なスピーチは、一般的にこのメリハリがはっきりしない。いったい、ナニを話そうとしているのか、スピーチが途中まで進んでもさっぱりわからない。そのうえ、話し方はダラダラ、声の強弱、テンポの緩急、あるいは「間」もない。これでは聞き手をスピーチに引き込めるわけがない。スピーチの中身を、〝盛りだくさん〟にしようとするのも危険である。多くを話そうとすれば、ともすれば、〝アブハチ取らず〟で終始してしまうきらいがある。話が終わったら、アイツはいったいナニをしゃべったのかとなっては、まったく効果がない。第一、スピーチに限らず万事メリハリのきいたものは、だれでもある種のスガスガしさを覚えるものである。スガスガしさを与えたということだけでも、これはたいへんな話し手ということになるのである。

「誠心誠意」に勝るものなし

人間を感動させるコツとはなにか

人間関係でもっとも評価されるのは、誠心誠意、律儀さといったものだろう。こうした姿勢を見せられると、相手はついグラグラとくる。

スピーチも、これとまったく同様のことがいえる。

田中角栄のスピーチにも、この誠心誠意、律儀さが多々発見できる。

たとえば、田中は昭和五十七年二月、早稲田大学人物研究会なるサークルの学生たちのまえで、ときに噛《か》んでふくめるように、ときに冗談をまじえ、こんな熱弁をふるっている。

田中は相手が学生であっても、話の手を抜くことが一切なかったのである。

43 資本主義と社会主義

……君たちね、自分の置かれている立場をね、ありがてェことだと思わんとダメですよ。寝言いったり、不満いっている奴ね、人生死ぬまで不満を抱き続ける人間になるぞ。社会

が悪い、政治が悪い、田中が悪い、なんていって、テメエ、何があるんだ。人に貢献できるようになっていえよ。わしがいうんじゃないですよ、これ。

……人間てェもんはね、そりゃ恋もすりゃ妻ももらう。妻をもらやァ子供もできる。子供ができりゃ、学校にもやらねばならん。（子供を）大学に入れるかどうか、そんなことを考えておったら恋もできない。断じてやるんじゃ。

……子供が十人おるから羊かんを均等に切る。そんな社会主義や共産主義みたいなバカなこといわん。君、自由主義は別なんだよ。（羊かんを）チョンチョンと切ってね、いちばんちっちゃい奴にね、いちばんデッカイ羊かんをやるわけ。そこが違う。分配のやり方が違うんだ。大きな奴には「少しぐらいガマンしろ」といえるけど、生まれて三、四歳のはおさまらんよ。そうでしょう。それが自由経済。

聞いていた学生の一人の感想は、「田中さんの誠心誠意を感じた。気品があるなァ」というものであった。

講演のあとはいつも汗まみれに。「ライオンは狙いをつけたウサギ1匹捕えるのでも全力で挑む。これだな、人生の姿勢は」となにごとにも全力投球だった

田中角栄の青年時代

田中角栄の庶民性を伝えるエピソードは数多いが、誠心誠意についてはまさに知る人ぞ知るである。筆者は都合二十四年間にわたって、田中角栄の取材を続けていたが、そのなかからとくに印象に残っているエピソードがある。

かつて、運輸大臣、衆院副議長などを歴任、ベランメエの「荒船節《あらふねぶし》」で人気のあった荒船清十郎《せいじゅうろう》代議士は、生前、昭和十七年にひょんなことから出くわした青年田中角栄のこんな思い出話をしてくれたことがある。

「田中がまだハタチちょっと出たくれェだったかなァ。突然、オラのところをたずねてきた。『材木の買い付けにきたが、ぜひ、先生のご助力をお願いしたい』という。驚いたのは、エラく算

術の速いことだった。買い付けた山のような材木の金額を、パッと暗算で出してしまう。そばで材木屋が懸命にソロバンを入れておったが。

そのあと、なかなか律儀で気っぷのよさそうな青年だったので、牛なべ屋へ連れてってやったんだ。酒が回ると、なんとオラに天下国家論をブチ始めた。時代も第二次世界大戦がおっぱじまって間がねェころだ、相当に力が入っとったゾ。

オラを黙らせておいて、さんざんブチまくったあと、こんどはビシッとヒザを正していうんだ。『先生にはたいへんにご馳走《ちそう》になった。お礼に浪花節をやらせていただきますッ』ってね。たしか佐渡情話だったと思うが、まァ、とにかくふつうのハタチの青年とはどっか違っておった。将来、もし政治をやれば総理、カネ儲けやらせても三井、三菱、住友くれェの大物に間違いなくなる。頭のよさに伴って誠実さもあったから。オラは、そうニランだもんだ」

そうした田中自身も、よく若手の議員にこう教えていた。

「なにごとでも人間は誠心誠意。上すべりは誰からも相手にされない」と。

「悪役」を演じられるか

聴衆の心理状態をつかむ

だれでも、自分を相手より上位に見たいのは人情だ。時々、あいつはバカなことをやっている、たいしたことはないと、自分に〝上位意識〟というものが働くことがある。田中角栄はそういう人間心理を逆手にとり、自ら「悪役」に徹して、スピーチを笑いに誘う名人でもあった。

いくつかの例をあげてみよう。

44 評判の悪い角栄でございます

……えー、田中角栄でございます。総選挙までは一部評判の悪いところもございましたが、選挙で二十二万票いただいたのを契機に、このごろとみに人気がよくなっているのでありますす（笑）。

（昭和五十九年十月、小千谷越山会定期総会で）

45 大学卒サラリーマンのヒステリー

……東京あたりのエリート・サラリーマンには土地や家がない。みな、ヒステリー気味なんです。大学出のエリートたちにアンケートをとると、田一反、畑一反が欲しい。それを持つことが理想だといっている。しかし、われわれ（選挙民）はそれを持っている。ない人は農協から五百万円も借りれば、これは今すぐでも手に入るのであります。土地が手に入ると勤労の意欲も出る。国にも税収が増える。ところが、社会主義国は私有を認めないねェ。土地からの税収はとれないし、労働者も勤労の意欲がわかず、国は発展しないィッ（「デタラメいうなッ」のヤジ）。みなさんッ。そんなことはもう、小学校の理論じゃねェですか。田中は大学に行っておらん、学歴がないと、よっぽど憎たらしいと思うのか、よく書きますがね。**大学へ行っておらんでも、これくらいのことちゃーんと知っとるもん**（大拍手、爆笑）。

（昭和五十一年十二月、立会演説会で）

46 服のうえからハチに刺された――一審有罪判決を受けて

……みなさんッ。一審判決はたいへん遺憾《いかん》であります。近い将来、明るい結論が出ることを約束しますよ。まァねェ、私なんかまるで服のうえからハチに刺されたようなもんだッ。田中さんはもう刑務所に行ってるなんて思われちゃかなわんから、こうして出てきたんです（笑）――。

……**まァ、角栄が死にそうだと書かれておるが、それは死んだほうがいいと思ってる側の希望でありまして、私はこのとおりしごく元気であります**（拍手）。

（昭和五十九年六月、浜田幸一《はまだこういち》代議士を励ます会で）

47 総理大臣をやった石川五右衛門がいるか

……社会党は手もずら（子供の火遊び）かいて、火事を出しおった。みなさん！ 日本は自民党じゃなければダメなんです。公明党も民社党も、共産党とは組めない。マムシとシマヘビを一緒にしたら、食われるのはどっちだい！ しかし、突然の解散なのにおかしいねェ。だれか悪者を出さんとダメらしい。そこで「田中が（ダブル選挙を）あやつった」なんていう。角栄を昭和の石川五右衛門《いしかわごえもん》にしたがっているバカな連中がいるが、総理大臣をやった五右衛門がいるかッ（爆笑）――。

……私のようにね、罵詈讒謗《ばりざんぼう》に耐えておれば、これはなにごとでも成功するのでありますが、まァ、これは繰《く》り言《ごと》ではあるッ（爆笑）。

（昭和五十年六月、総選挙出陣式で）

ちなみに、「手もずらかいて」のくだりは、社会党が衆院を解散されたら自ら困るのを承知で内閣不信任決議案を出したら本当に解散となり、まさに「火事」を引き起こして困ってしまったことを指す。

話し手というものは、つねに「悪役」を演じ切れる〝役者〟でなければならない。悪役を演じて見せることも、ユーモアに通じるということでもある。

「訛《なま》り」、地方色を出すことでの〝殺し方〟

人間味の見せ方

日本列島は、インターネット、テレビなど情報機能の高度化とともに狭くなり、都会色、地方色の差はすでに薄くなっている。言葉も同じで、どこもかしこも〝標準語〟である。そこで、たとえば芸能タレントの地方訛《なま》りが一つの魅力になり、これがけっこうもてはやされたりしている。その地方出身者にとっては郷愁、都会人にとっては素朴な人間味を見出すことができるからにほかならない。つまり、訛りであれ、お国言葉であれ、聞き手がとくに地方出身者で固められているときなら、その地方の話を挿入してみせるということはかなり有効である。ある種の「間」を生むことにもつながり、話の味つけとしてなかなかの効果を発揮するということになる。また、話し手の人間としての味を垣間見せることにもつながる。

田中角栄のスピーチのなかにも、巧み巧まざるのそうした味つけが多くうかがえる。

48 母親が亡くなり、六反の田んぼを継いだ

……母親が亡くなり、私も六反ばかりの田んぼを継いで百姓になった（哄笑）。これからは西山町が住所で、東京の家は〝東京の宿〟だ（笑）。まァねェ、ちょいちょい家に戻ると「選挙が近いのか」といわれますがね。決してそういうわけではない。昭和五十五年十一月までの任期が半分もいかんうちに選挙とは、少し気が早すぎる話であります。戦後三十年で、選挙は十三回、平均二年半ずつもっている。秋口の解散はないッ。

みなさんッ。**政治は生活だ、国民の生活そのものなんです**。戦後、私が選挙に出てから、足かけ三十三年になります。まァ、当時の青年代議士も今は髪に霜をおき、顔も日焼けで真っ黒になった。山笠でもかぶれば、これはよく似合うのであります（笑）。

（昭和五十三年五月、越山会大会で）

49 私は創価学会から口説かれた

……ええですかッ。バクロウから見ると馬がとぶ（走る）か、とばんか、一目でわかる

んです（選挙で自民党が勝つかどうかの意）。まァ、こんどの選挙はいうことがないんだ。ただ、解散しないで総辞職しろという意見は間違っている。国民の目の届かないところで、取引や野合をやらせないためには、これは総選挙しかないんですッ。

まァねェ、公明党支持のほとんどは、もとは自民党支持者なんです。創価学会の牧口《まきぐち》（常三郎《つねさぶろう》）さん、ありゃあ創設者だねェ。柏崎《かしわざき》の近くから出た人だ。昔ね、私にも入信しないかといってきたことがある。ちょっとフラフラしたけど入らなかった、忙しかったからねェ（爆笑）。創価学会は日蓮《にちれん》さんだ。これは社会党とは一緒になれんッ。民社党も革命には反対だ。社会党と行動することはないのであります！

（昭和五十五年六月、総選挙出陣式で）

50 代議士にはたくさん頼みなさい

……政治なんて一人でできはせんッ。私も、頼まれればコメつきにも来るという越後の人間ですけ。わが木曜クラブ（田中派）の連中は全部、そういう精神の持ち主である。どうか、なんでも注文したらいい。注文するのは当たりまえなんです。働かすために育てた代

西山町の実家のお墓に身内だけで墓参り。ウチワをあおぐはな夫人。角栄いわく「馬食（ばくろう）」だった父・角次も、「寝顔を見たことがない」ほど働き者だった母・フメも眠る

議士じゃねェですか。育てて働かせなければカイがないのであります。

（昭和五十五年六月、越山会大会で）

田中角栄はまた、よく〳〵赤《あけ》ェ靴 履いてた……など、越後人特有の「イ」と「エ」の定かでない発音で、堂々と歌をうたってみせることがある。これはご愛嬌であり、標準語でスマートに歌われるより、むしろ人間味が伝わることがあるということである。訛りたっぷりな歌で〝殺される〟ケースも少なくないのである。

「結び」をピシャリと止めるコツ

結びの言葉は大切だ

体操競技は、どんなに途中うまく演技しても、着地をピシャリと決めないと好印象を与えない。

スピーチも同様だ。〝龍頭蛇尾《りゅうとうだび》〟、〝尻つぼみ〟では困る。途中、少々、あがってしまい、モタついたとしてもシメだけは大切にしたいということである。

人間は、かなりフラフラした人生でも、晩節でうまく帳尻を合わせるとその評価は決して低くならないのに似ている。

スピーチもまた、最後に結んだ言葉に真実味がうかがえるとおおいにシマるということである。

田中角栄のスピーチには、そうした好例がいくつかある。

たとえば、田中は昭和二十五年十一月、〝赤字〟の長岡鉄道（新潟県）の社長に就任する。これは、沿線住民に請われる形でであった。その直後の臨時株主総会の席上、田中は就任までのいきさつを説明したあと、つぎのように結んだのであった。

51 二度と故郷の土は踏まん覚悟だ

……私が社長を引き受けたのは、かくのとおり住民の悲願である路線の電化であります。まァ、私のオヤジ（父・角次《かくじ》）などは「赤字会社の社長になる奴はバカだ」といっておりましたが、私はやりますッ。

これをやれなかったら、私は二度と故郷の土は踏まん覚悟である！

また、昭和五十一年十二月のロッキード選挙は、田中自身にとってはきわめて悪条件下にあったが、個人演説会などではさんざんの〝我田引水〟、つぎのように大いに聴衆をケムにまいて笑わせつつ、最後はピシリとキメるのであった。

52 そんなのはホントの政治家でない

……私が総理大臣をやめたあとの政局ッ、これはだいぶゴタゴタいたしました。この責任は自分にある。池田勇人が佐藤栄作を指名したように、私も大平（正芳）か、福田（赳夫）

のいずれかを指名すればよかったものを、椎名《しいな》（悦三郎《えつさぶろう》）にまかせたのが失敗だったッ。そんなのはホントの政治家ではない。

……みなさんッ。そういう奴らは私のことをガタガタいっているが、**あの吹雪のなか、目も、口も開けられないで小学校に通った幼き日を思えば、しかし、そんなことはなんでもないッ**。総選挙後は、私は私なりに責任をもってケジメをつけるつもりであります。

（北魚沼郡での立会演説会で）

53 政治のケジメは必ずつける

……せっかく、ここまで大きくしてきたもの（新潟県を暮らしやすくしてきた、の意味）をねェ。コレ、完成させないわけにはまいらないわけでございます。山を仰ぎ、川の源流に立って、谷川を渡ったりしながら、自分の足跡を一つずつ訪ね、最後は信濃川の河口に立つつもりで、この手で、この皮膚で、この目で現実を確かめ、最後の努力をしたいと、こう思っているのでございます。

まァねェ、私も「おめェさんも苦労して、いいとっつぁんになったのう」と、こういわ

東京根津の弥生美術館で（昭和59年5月)、大正ロマンを代表する画家・高畠華宵（たかばたけ・かしょう）の「新・さらば故郷！」に見入る。母・フメは上京を決意する角栄に「これはお前がこれまで働いた月給だ」と一銭も手をつけずに積み立てていたものを渡した

れてねェ、ホントにたまげましたよ（笑）。

しかしッ、私は静かに考えてみた。避けがたきは人の運命ッ。若き血の叫びの青年も五十八歳になるが、これもまたやむをえない。みなさんッ、私もやはり現職の国会議員であります。三十年の政治のケジメはつけねばならぬ。こう信じてやまないのであるッ！

（昭和五十一年十二月、「ロッキード選挙」での個人演説会で）

「迫力」の出し方

大声でしゃべり、絶句する手

スピーチというものは、聞き手の反応をあまり気にしすぎてもうまくいかない。しかし、考えようによっては〝たかがスピーチ〟である。加えて、スピーチの終局目的は、相手を説き伏せるのではなく自分の主張を訴えるところにある。

そう考えれば、聞き手の反応をそれほど計算に入れぬほうがいいともなる。文字どおり〝相手を呑《の》んでかかる〟ほうがうまくいくのである。

〝呑んでかかる〟もっともいい方法は、とにかく大声でしゃべることである。大声でしゃべることの効用は、いくつかある。まず、聞き手に話し手の自信めいたものが伝わる。しゃべっているうちに、自分の大声で自らが叱咤《しった》激励され、それまでのテレ臭さも消える。

また、口を大きく開いてしゃべれば、会場に小声のそれとは違った明るい雰囲気も生じる。スピーチには、明るさが絶対的なものだとは先にも書いた。話の内容はともかく、ボソボソ声では「聞こえぬ」という反応しかなく、第一会場の雰囲気が暗くなる。まず、迫力で押し切れである。

政界人は田中とサシで話をするのを極端にいやがるケースが少なくなかった。福田赳夫は「角さんと二人で話をすると押し込まれるからなァ」とサシでの話し合いを拒否したし、竹下登《たけしたのぼる》は田中が同じ派閥の親分にもかかわらず、終始サシで話し合うことを嫌っていたものだ。ちなみに、こうした〝逃げ腰〟が田中にとっては竹下を理解しきれず、竹下もまた田中の本心をつかむチャンスを逸し、結果的に田中の後継として竹下は認知しきれなかったという見方もできる。

昭和四十六年、ときの通産行政の懸案は、日米繊維交渉であった。この交渉は、前年の宮沢喜一《みやざわきいち》通産相のとき、交渉決裂という経緯があった。宮沢の後任として通産大臣になった田中は、この問題にケリをつけるべく、米国との輸出規制など政府間協定で解決するハラを固め、その年の秋、米大統領特使ケネディと向かい合った。結果的には、この交渉で了解覚書に仮調印したことで決着をみたが、このケネディ特使をまえにした田中通産相の〝迫力〟は語り草になっている。

ケネディ特使は、ことさらに日本の対米輸出の伸びを抑えんものとねばる。田中は得意の数字を連発して反撃したあと、ケネディ特使に詰め寄るようにこういったのだった。「えぇですか。あなたがこれを拒否するなら、これからの日米間はたいへんな事態になると思ってもらいたい。そのさいの責任は、あなたにあることになりますッ」。ケネディ特使は顔面蒼白《そうはく》、了解覚書にサインをすると、ほうほうのていで帰国してしまった。迫力が功を奏した好例だったのである。

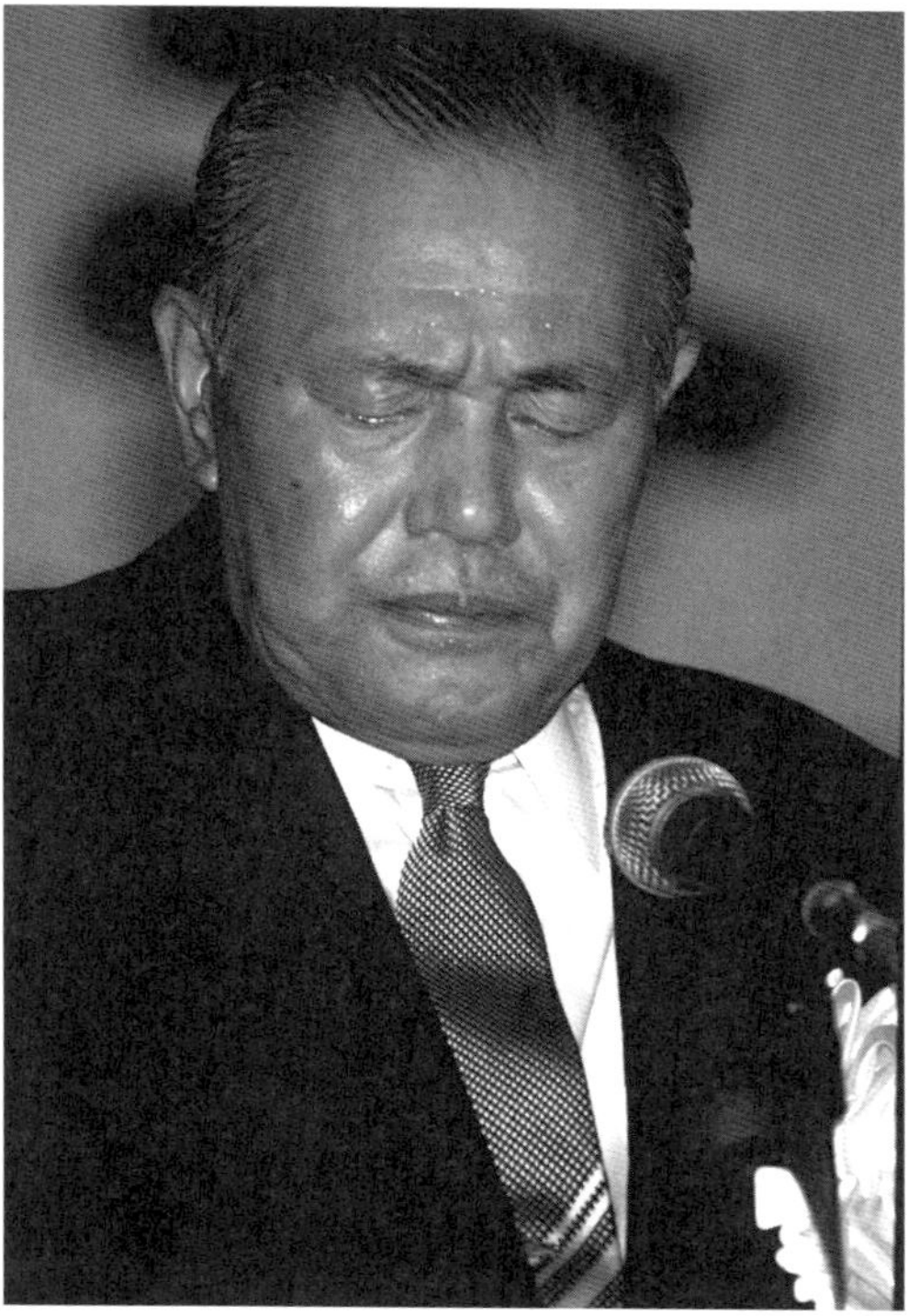

万感の思いがよぎり、言葉をのむ一瞬。昭和58年ロッキード事件1審有罪判決後の総選挙でも新潟3区の有権者は約2人に1人が「田中」と書いた

もう一つ、田中ならではの迫力のスピーチをあげておこう。

昭和五十五年五月十六日の、よもやの大平内閣への不信任案可決で、その日たまたまホテルニューオータニで行なわれることになっていた田

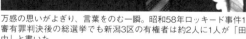

中派の「参院立候補予定者を激励する会」は、よもやの衆参同日選挙となったことで急きょ〝田中派緊急総会〟に切り替えられた。その席で田中は、可決に加担した形になった反主流派に向け、つぎのような迫力たっぷり、怒りの大演説をブッたのだ。ここで田中は顔を真っ赤にし、流れる涙をハンカチでぬぐいもせず、しばし絶句のシーンも見せたのである。

54 政治家は、私情は四十九パーセントにとどめるべきだ

……私はかつて人の悪口をいったことがあるか！　だれか私が一度でも人の悪口をいっているのを聞いたことがあるか！　私は一度としてない。しかし、今日だけは口に出していわずにはおれないッ。

政治家は五十一パーセントは公に奉ずべきだ。私情というものは、四十九パーセントにとどめておくのが政治家だ。自分のためにだけあらゆることをして、テンとして恥じることのない者は、これは断固、排除せざるをえないッ。**日本を誤らせるような行動は絶対に許せん。われわれのグループだけは、このことだけは守ろうではないか！**

バンザイ・バンザイが何度もくり返された。1万2千人の聴衆をまえに講演したことも

こうなれば、もはや個人の問題ではない。私もかつては、日本を代表する立場にあったんだ。が、疑いを受け、生命を絶たなければならないと思ったこともあります。しかし、生きながらえた以上、果たさなければならんこともある。また、迷惑をかけた諸君にも詫《わ》びなければならないが、いつかいったことは果たしたいと思っている。全員当選してくるんだ！
参院の連中にはできる限りのことはするッ！

その席にいた田中派の参院立候補予定者のなかには、ハンカチを目にあてている者もあった。「久しぶりにオヤジの凄《すさ》まじい迫力をみた」と、うなる声も聞こえたのである。

このように、田中のスピーチはときに情の発露が目立ち、喜怒哀楽が出るのも特徴であった。これは、「郷里はいいものだ」「まァ、百姓（農業者）にもどればいいもん」などとホロリとさせつつ、聴衆に笑いが起こると、「笑いごとではないッ。いや、笑いのなかに真実がある」と語気強く変幻自在のスピーチを展開するのと同一線上にあるといえる。

まさに、聴衆の感情を読み取り、聴衆とのあいだに「一体感」を盛り上げてしまうということになる。

キメ細かさのなかにも、迫力を演出するということは忘れてならないのである。

《応用編》

二章

田中角栄の「スピーチ実践教室」

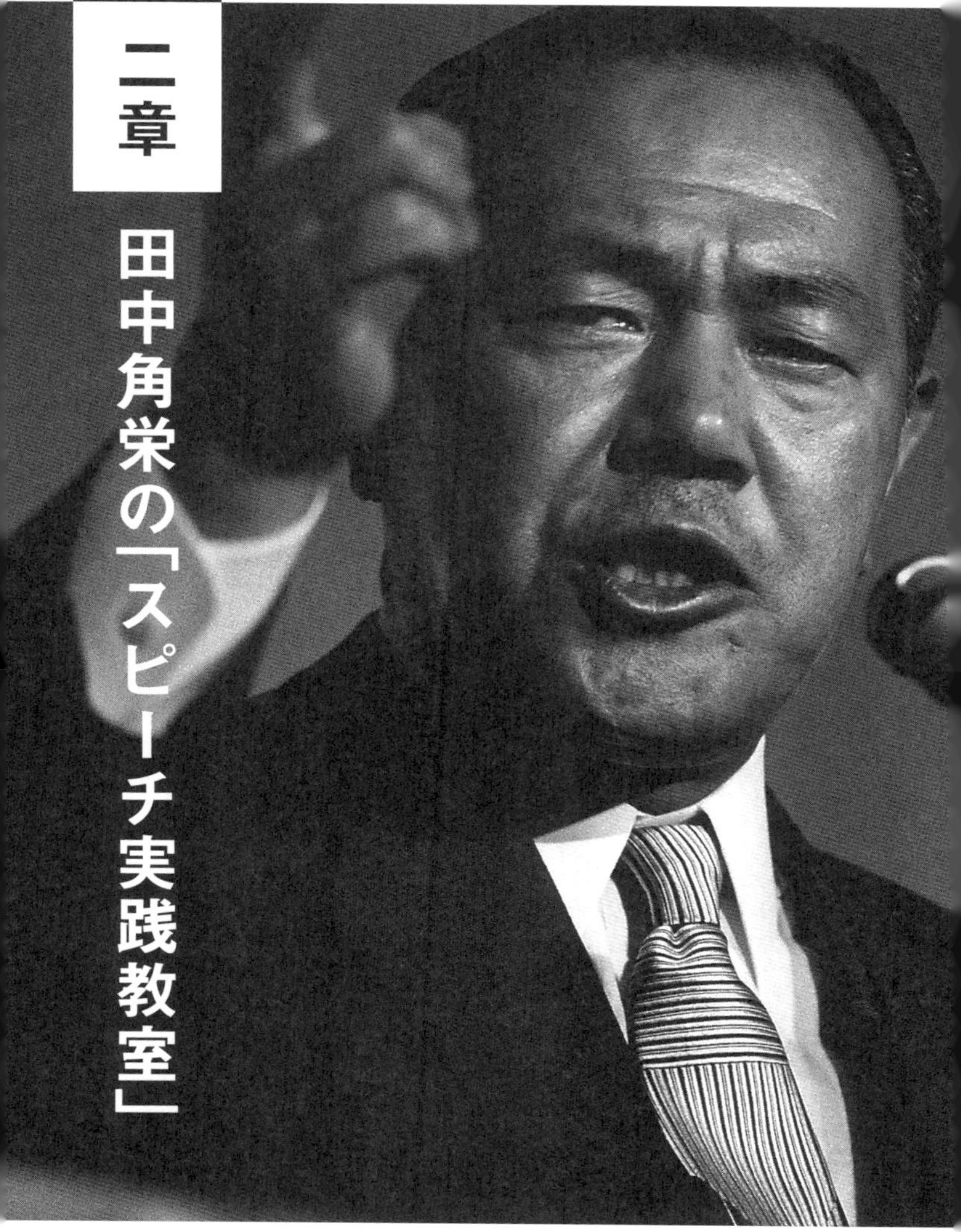

激励会

55 大正七年生まれは秀才が多い

……私はきのうの晩、十二時ごろまで演説したり、酒飲んで将棋を指しておって、ほとんど寝ておらないわけであります。エー、また今日これから、上越線に乗って明日のストにならんうちにうちに帰ろうと、こういうことでございます（すでに、ガンで入院中の新潟の実母フメは危篤状態だった）。

みなさんッ、大村襄治《おおむらじょうじ》クンはたいへんな秀才でありますッ。昭和十六年前期の東大の卒業で、このォ、昭和十六年前期というのは大正七年生まれで、私と同じッ。だいたい秀才が多い！（笑）。大村クンにはじめて会ったときは、これは手ごわい相手だと、まァ、こう考えておったのですが、エー、ホントに兄弟分というか、そういう間柄なのでございます。

私が大蔵省に入りましたとき（大蔵大臣になったの意）、十六年の入省組の会員にしろと、こう申し出たんですが、これがなかなか入れてくれない。官僚機構のガンコなところでございます（爆笑）。

しかし、一年ぐらい審議をした結果、今日から十六年前期卒業組と同等に扱うと、こういう決議がありまして、そのかわり赤坂で一杯おごれというんですナ（笑）。それも、十六年前期の会合のさいは、いつも応分の負担が必要だという。このォ、ちゃんと受益者負担を求める大蔵省というのは、だいたいミミッチイのであります（笑）。出すんなら、ポーンと出せばよろしいのでございます。


（昭和五十三年四月、田中派大村襄治代議士の「励ます会」での挨拶）

56 私のいいところを勉強し、つまらんことは勉強せんように

……エー、稲村利幸《いなむらとしゆき》クンは、バカにキツイところがあります（笑）。私が幹事長のころ、稲村クンははじめて議席を得たのですが、どういうわけか私のところによく顔を出すんですナ。一度、聞いてみたんです。

「なぜ、キミは私のところによく来るのか」って聞くと、「私もあんたと同じく二十七歳で立候補して落選した」と、いらんことまでおぼえているんであります（笑）。

私も「私のいいところだけを勉強して、つまらんことは勉強せんように」と、まァ、こういっておるのであります（笑）。

まア大蔵政務次官は、ホントは私が推《お》した林義郎《はやしよしろう》クンが決まりかけておったんですが、土壇場でこれをおろして稲村クンということになったんです。こうなったからには、同君は恩師ッ、船田中《ふなだなか》先生（元衆院議員）のご厚意に応えなくてはいけない。

私はねェ、よく数字の田中といわれるから、ここでちょっと披露《ひろう》します。ここに来る前に議員手帳を見てまいったのでありますが、衆議院の定数五百十一ッ、参議院二百五十二ッ、両院合わせての議席総数七百六十三であります。稲村クンは昭和十年生まれの四十二歳ッ、年の順でいくと七百七番目ッ。七百七番目が大蔵政務次官になったことは、これまでに例をみないのであります（拍手）。

（昭和五十三年五月、田中派稲村利幸代議士の「大蔵政務次官就任祝賀会」での挨拶）

激励会スピーチの基本

激励会といっても、ケースはさまざまである。たとえば、出版記念会などの祝いごと、励ます会、上役、同僚、部下の転任のさいの送別会など多々ある。

また、その転任の送別会でも栄転の場合があり、左遷の場合もある。ケース・バイ・ケースで話の振り分けが必要なのはいうまでもない。

こうした激励会のスピーチには基本がある。田中角栄による先の二つの政治家の励ます会でのスピーチは、いずれも大喝采《かっさい》、大爆笑のなかでシメとした基本を踏んだ成功例だ。第一章での「スピーチ教科書」で述べた《重要チェック・ポイント》が巧みに盛り込まれていることがわかる。

「第一声」でまず聞き手をひきつけ、笑いを誘う徹底的な明るさも豊富、自分をある種の「悪役」の立場に置いていることもあり、エピソード中心主義などに徹していること等々である。

先の例で具体的にみてみる。

「夜遅くまで酒を飲んで将棋を指しておった」など、意外性の第一声を放つことで、まず巧みに聞き手をひきつけている。「稲村クンは、バカにキツイところがあります」の意外性の第一声も同様だが、これには元総理大臣の大物が一陣笠《じんがさ》議員に叱られているふうを装うことで自らをあえて下の立場に置きつつ、聞き手にそんな光景を頭にイメージさせ、笑いをとっている。つまり、ここには〝言外の言葉〟の効果が巧みに計算されている。

「悪役」についていえば、「手ごわい相手」「私のいいところだけを勉強して、つまらんこと（ロッキード事件？）は、勉強せぬように」と笑わせつつ、「……私と同じくだいたい秀才が多い」「ホントは兄弟分の間柄だ」と、一方で〝同じ仲間〟であることを強調してみせる。これで聞き手側は、「やはり、先生はあの角さんに近いエライ人なのだ」と思い込んでしまうということになる。

また、スピーチそのものが、冗談中心で軽いとの印象を避けるため、「受益者負担」などという〝専門用語〟をちりばめて抑えをきかせ、「船田中先生のご厚意に応えなければいけない」と聞き手の琴線、感情を揺さぶっている。

さらにまた、こうしたスピーチとしての構成には、相手のエピソードがふんだんに織り込まれている。また、励ます人物の自尊心をくすぐり、「相手をほめる」という基本で一貫している。こうしたエピソードはまた、あたふた駆けつけてのおざなりのスピーチでなく、田中の周到な事前調査によって成り立っていることはいうまでもない。周到な事前調査は、先にもふれたように田中の自家薬籠中のものなのだ。

さて、激励会はこうした祝いごとのほかに、送別会といったものがある。しかし、送別会におけるとくに栄転の場合は、単なる祝いごとではないと理解すべきである。栄転は、一方で〝別れ〟という感情をはさむからだ。この〝別れ〟ということを考えると、左遷の場合とさして変わらないと考えたほうがいい。

つまり、同じ人を励ますということでも単なる祝いごとと異なり、相手の〝感情〟を斟《しん》酌《しゃく》する比重がよりかかるということである。

むろん、転任の場合、送る側と送られる側の答礼のあいさつのポイントは異なる。しかし、その基本はおのずとある。送る側の立場に立てば、在任中の努力、足跡、実績、思い出話や、転任先でのいっそうの期待と激励を込めなければならない。送られる側としては、やはり在任中の思い出話であり、転任の事情説明であり、これまでの協力、支援に対する感謝、そして今後の抱負がポイントになる。これらのポイントはむろんはずせないが、どちらの側に立ってもこうした場合、感情というものの比重がよりかかることになる。しかし感情に重きをなせば、どうしてもその場が湿っぽく、重くなることが避けられない。そこで、「明るさ」が最大の味つけになることが、いうまでもないということになる。

もっとも、送られる側の〝名スピーチ〟そして、こんな例外もあることも知っておいたほうがいい。

あの巨人軍・長嶋茂雄の引退時。現役最後の試合を終えた長嶋は、照明灯の消えたグラウンドで、スポットライト一つのなかで渾身《こんしん》の別れの挨拶をした。本来、彼は訥弁《とつべん》の部類に入る。「いわゆる一つの」といった彼の話は決して雄弁とはいいがたい。トツトツと自分の今の感情を投げかけ、「みなさん、巨人軍は不滅です！」と結んだ。ここでは長嶋の〝性格〟を知っている観衆は、感情のほとばしりを残してくれた長嶋に十分、満足である。拍手はしばし鳴りやまなかったことが証明している。

ときに、基本を踏んだ挨拶より、話し手の本心、真実を、こういう感情の発露のみで聞き手に汲《く》みとらせる方法もあるということだ。

長嶋の〝ラストシーン〟は、立派に聞き手のマブタに残るということである。

出陣式

57 私は〝人集めパンダ〟だ

……田中角栄であります。昭和四十八年、私は総理として都議選で都内を駆けめぐった。

マスコミなどは自民党が負けるようにいっておったのであります。しかし、勝ったわけではないが、まァなんとか踏んばったッ。

それから八年、なせばなるッ。ええですか。定員五人のうち四人、三人なら二人（自民党が）とる。一人ぐらいは野党にやってもいい。もっとも、野党といっても、社会党も、公明党も、共産党も、民社党もある。これが選挙の算術なんです。

私はッ、昨年の暮れごろから押せ押せでやってきたんだ。しかし、だれにも文句はいわせない。私は人集めのパンダだ。街頭にも立つッ。なんでもやるッ。**どうか、この田中を使っていただきたい！**

（昭和五十六年四月、東京都議選での立候補予定者〈田中派系〉三十五人のための出陣式での挨拶）

出陣式スピーチのポイント

いわゆる出陣式にも、さまざまなケースがある。政治家なら選挙戦突入をまえにして、あるいは会社なら支店、営業所の新設などでハッパをかけるということもある。

ここでまず胸にしておきたいことは、激励会が〝心に残る〟ことがポイントであるのに対し、出陣式はあくまで〝戦意高揚〟の場であるという点だ。集まっている者たちは、みな、浮き足立っていることを忘れてはならないのである。

では、ポイントはどこか。

現状認識が、まず基本になくてはならない。そのうえで、ヤル気になれば十分に可能性はあるのだという自信の植え付けをする。たとえば、話し手が会社のしかるべき責任者なら、いざとなれば自ら陣頭指揮に出向いて君をサポートするぞといった、リーダーとしての並々ならぬ意欲、情熱を率先して示すというこの三点を折り込めばほぼ完全である。

ただ一点、忘れてならないことは、くどくど型のスピーチは、むしろ聞き手に戦意喪失感こそ与えても、ヤル気を鼓舞することにはつながらないのだということである。

あくまでも、短いスピーチに限る。そして、「結び」はピシャリ。先の田中角栄のスピーチは、そうしたポイントをピタリ押さえているのである。

結婚披露宴

58 田中角栄は放漫浪費型だ

……エー、田中角栄でございます。この披露宴には、はじめ欠席の通知を出していた。そのわけは、私のようなものは立場上、冠婚の集まりにはすべて欠席するようにしているからであります。だから、秘書が自動的に欠席通知を出した。ところが、数日前に木村《きむら》（俊夫《としお》）夫妻が挨拶にやってこられ、これは手違いであると知った次第である（拍手）。

まァねェ、仲人は宮沢喜一《みやざわきいち》クンだ。ここにおられる福田《ふくだ》（赳夫《たけお》）首相は、勤倹《きんけん》貯蓄型だねェ。そこへいくと田中角栄は放漫浪費型、足して二で割ったのが宮沢クンであるッ。宮沢クンはたいしたもんですよ。

（ロッキード逮捕の翌五十二年暮れ、木村俊夫代議士令嬢の結婚式での挨拶）

率直さとユーモアが必要

冠婚葬祭でのスピーチは、その場に集まった人たちが喜び、悲しみを共感し合う場だという認識をまず持つ必要がある。

それでは、結婚披露宴ではどうか。ここでの祝辞のポイントは、あくまで新郎新婦の人柄をほのぼのとした形で浮き上がらせることにある。技術的にはユーモアをまじえたエピソードの披露がいちばん無難だが、祝辞の送り手があまり手の込んだ話を持ち込まないことが必要だ。結婚披露宴は、あくまでおめでたの席である。参会者はそれなりに浮き浮きしており、スピーチの多少の失敗をせんさくするようなことはない。失敗も愛嬌として受けとってもらえる余地があるのだから、あくまで率直なスピーチに徹するべきである。加えれば、新郎新婦のことを述べながら、一方でさりげなくなぜ自分がスピーチに立っているかとサラッと話せば、まずは合格といえるだろう。そのうえで、話し手の個性が伝われば十分といえる。

先の田中角栄の木村俊夫代議士令嬢でのそれをみてみると、素直さと自らの個性を端的にまとめあげている。

すなわち、自分はロッキード事件での不祥事のなかにあって、本来はおめでたごとへの出席は辞退している。が、親ごさんにわざわざ挨拶にこられたのではもう断わりきれん。あまた知られる「情の田中」としては、そんな無下《むげ》なことができるかと、冒頭でまず胸を開いてみせてしまう。すべてこだわりナシの雰囲気をつくってしまっているのである。

田中の場合、こうした率直さが、巧まざる形で出るのが特徴だ。たとえば、昭和四十四年に愛娘の眞紀子《まきこ》が結婚した折り、新婦の父親としての挨拶も絶句につぐ絶句で、途中でやめてしまったほどであった。あの田中が、人前はばからず号泣したのである。披露宴に出席していた代議士から、「そんなことでは政治家はつとまらんなア」とヒヤかされたくらいである。飾らぬ率直さが好感を持たれぬワケがないのである。

また、先のスピーチでは田中は率直さで入って、つぎにさりげなく自らの個性も売っている。同じ主賓のライバルとしての福田赳夫と自分を対比させ、そのなかで仲人である宮沢喜一の労も巧みにねぎらっている。この、たった三行の脈絡は見事とである。このあたりが「角栄流」の真骨頂となる。

披露宴スピーチのタブー

一方、披露宴でのスピーチの「タブー」も知っておきたい。逆説的効果を狙《ねら》っての歯に衣着《きぬ》せぬズバリ型スピーチ、あるいは感心させてやろうの説得調や教訓調は避けたほうが無難だ。とくに、後者は、若い人には避けたほうがいい。若者は軽いノリを好むと知っておいたほうが無難である。

新任式

59

大臣室のドアは取っぱずす

……田中角栄であります。私は諸君ご承知のように、小学校の高等科しか出ていない。しかし、世のなかの経験は、多少積んでいるつもりである。まァ、諸君は財政、金融の専門家だ。これからは、もし私に会いたいときはいちいち上司を通して来ることはない。こう思う、これはおかしい、これを考えてくれなんてことがあれば、遠慮せずに来てくれ。そして、**国家有事の現在、諸君は思い切って仕事をしてくれ。これは局長も課長も同じだッ。事の成否はともかく、結果の責任はすべて大臣であるこの田中がとる。**今日から、大

臣室のドアは取っぱずす！

（昭和三十九年、四十四歳で大蔵大臣に就任したさい、次官、局長以下、大蔵省幹部をまえにしての挨拶）

大蔵官僚をどう味方につけたか

「物ごとははじめが肝心」ということは、ここでもあてはまる。新しいポストについたり、新たな配属先に移った場合、最初の印象や挨拶が、その人のそれからにかなりの評価を与えることが少なくない。田中角栄はすでに知られているように、東大を出たエリートではない。一方、役所広しといえど、大蔵省はエリート中のエリートの官僚のたまりである。その田中は、第二次池田《いけだ》（勇人《はやと》）改造内閣で大蔵大臣に就任した。しかも、歴代最年少大臣の四十四歳。当の大蔵官僚たちは、「学歴もない代議士にナニができるか」と、こんど来る〝若造〟に厳しい視線を送っていた。金融筋もあわてふためき、当時の宇佐美洵《うさみまこと》（全銀協会長）などは、「新蔵相の〝未知〟に期待したい。よく金融の現状を認識していただき、自由化をひかえた重大な時期なので、国内均衡に偏重することなく、国際収支改善のための施策を切望する。また、金融政策の運営にあたっては、日銀と十分に連絡をとり、予防的弾力的な手を打ってもらいたい。すでに政調会長をやられ、経済の現段階に対する認識は深いものがあると思うが、これからは金融、証券界などと話し合いの場を持って、意見の交換をはかり、そのうえでなお、総花的にならない政策を打ち出していただきたい」と、大蔵大臣に〝注文〟を出すなど異例な発言をしたものであった。

田中の先の挨拶の反応は「なんともカッコいいことをいう男だ」といった印象、まずはお手並み拝見といったところだったのだ。

結局、田中大蔵大臣は四期連続、三年間続いた。しかし、大蔵大臣をやめるときには、田中は完全に大蔵官僚を牛耳《ぎゅうじ》っていた。就任挨拶でのある種の〝どよめき〟も、田中の政治能力に加えての巧み巧まざるの「情と利」を駆使した人心収らんの妙も手伝い、完全に大蔵官僚を手中におさめていたのである。たとえば官僚は、自負心が強く、つねに責任をとりたくないという保身術も身についているから、どうしても政策的な発想については平板になる。これを田中一流の大胆な発想で目を開かせるなどで、徐々に大蔵官僚を〝籠絡〟していったということだった。大蔵省を離れるときは、それまでの「田中官庁」といわれた建設、郵政に加え、大蔵省にも堅固極まる田中人脈を築いていたのである。あわせて、自民党内にも、「田中あり」を印象づけ、それまでの馬力だけの政治家といった田中のおかたの印象を、払拭《ふっしょく》することにも成功したのである。

こうした新任の挨拶にも、やはり基本というものがある。自分は未熟である、だからみなさんの協力、指導を願いたい、そして自分の決意はこうである、といったことを吐露《とろ》するのが基本になる。田中の挨拶は基本を踏んでいるのだが、四十四歳の〝若造〟が「責任は自分がとる」「大臣室のドアは取っぱずすから、局長でも課長でも遠慮なく相談に来い」と、第一章「スピーチ教科書」の《重要チェック・ポイント》の一つである「ユニークな発想」で意表を突くことを織り込んでいることも知らねばならない。新任「第一声」は、なかなか〝怖い〟のである。

新年会・忘年会

60 猪武者と猪突猛進

……みなさんおそろいで、よい正月を迎えられたことと思います。私もおかげさまで元気に新春を祝いました。元旦の東京は雲一つない日本晴れで、私は朝早くから来てくれた多数の年始客と一緒に夕方近くまで酒をくみ交わし、新年の賀詞を交換したのであります。郷里新潟県も雪の少ない、おだやかな正月だと聞きました。みなさんの変わらない、達者な暮らしぶりをうかがって喜んでおるのであります。

干支でいえば、今年は亥年《いどし》であります。猪《いのしし》から思い浮かぶのは、猪武者とか猪突猛進《ちょとつもうしん》という言葉だ。これらはいずれも、あまりよい意味で使われることがない。ただがむしゃらに暴れまわる、侍の行動を表現するときに用いられるようであります。しかし、それだけでは、あまり猪がかわいそうで、なにものも恐れず正面から戦い挑むエネルギーは、やはりたいしたものだと思わなくてはいけない。

世界経済の優等生といわれる日本経済。これは景気の低迷が続いている。国の台所は不景気つづきで税収がすっかり落ち込み、パンク寸前だ。こうした内外の状況のなかで、政府・自民党は景気の回復、財政の思い切った改革、非能率で万年赤字になった国鉄の民営移管、これを突破口とする行政改革などに正面から取り組んでいます。

昨年の秋、私の同期生である中曽根康弘《なかそねやすひろ》君が総理になった。中曽根首相は新年早々、ソウルに飛んで長いあいだの宿題だった日韓経済協力問題に決着をつけ、十七日からアメリカに乗り込んで日米関係の安定、拡大に汗を流そうとしているのであります。

一月二十四日からは通常国会が再開、五十八年度政府予算案を中心として、国政審議が本番を迎える。しかも、今年の四月には全国いっせいに統一地方選挙があり、六月末には参議院の通常選挙が予定されているのであります。

私は、こうした難問をテキパキと解決し、景気の回復を軌道に乗せ、選挙戦に勝ち抜いて、政局をいっそう安定させるように目ざしています。そのため同志と一緒に一丸となって中曽根政権を助け、風雨強かるべき明日に向かって前進を続ける決意でおります。

（昭和五十八年正月、越山会《えつざんかい》会員への新年メッセージ）

61 小さくまとまっていて、天下の政治ができるかッ

……エー、人は一人では生きていけないというが、今の私は一人のような、そうでないようなもんだ（哄笑）。このォ、これまで私は院外団だったのでありますが、こんどは木曜クラブの正式メンバーに加わることになりましたので、よろしくと申し上げなくてはならん。

まァ、小さくまとまっていて、天下の政治ができるかッ。ここには百一人の同志がいる。

そのほかにも衆参二十八人の非常に親しい友人に集まってもらった。私の前途はまだはるかだ。しかしッ、いずこにあっても、私は自民党所属議員以外の何者でもない、という気概で生きている！

〈昭和五十五年、木曜クラブ〈田中派〉忘年会での挨拶〉

メリハリの利かせ方

この田中角栄の新年会でのメッセージは、さすがにメリハリが効いている。折り目の正しさが伝わってくる。忘年会も同じ一年の締めくくりではあるが、〝仕事〟は忘年会が終わっても、すぐ翌年のそれへとつながっていく。この場はひと休みだが、仕事は終わったわけではないぞの気合もまた気概が伝わってくるということである。

どの世界にせよ、リーダーの資質には〝折り目正しさ〟が要求される。組織、集団をコントロールするには、いつ、いかなるときでもおざなりは許されないということである。新年会、忘年会という〝ひと休み〟を借りても、いやむしろホッとした気のゆるみがちの空気の漂うときにこそキチッとした規範を示すことである。士気の盛り上がりに目配りができないようでは、リーダーの資格なしといわざるをえない。

フォーマルなパーティ――

62 カンガルーとエミュー

……ウィットラム首相閣下、スネッデン党首閣下、ご列席のみなさま。

本日は、私どものために盛大な午餐《ごさん》会を催していただき、また、温かい歓迎のお言葉をいただき厚くお礼申し上げます。

〝キャンベラ〟はアボリジニーの言葉で、〝出会いの場〟という意味を持っている由でありますが、この地で再びウィットラム首相にお会いできたことをうれしく思っております！

日豪関係の幕開けは、今からちょうど百年前の一八七五年、わが国がメルボルン万国博覧会に参加したときにはじまります。一世紀を経た一九七〇年には、貴国が大阪万国博覧会に、「東経百三十五度線上の隣人」というテーマで参加され、日本国民に深い感銘を与えました。

昨年五月わが国から皇太子同妃両殿下が訪豪されたのに引き続き、本年八月には、両殿下のご長男徳仁《なるひと》親王殿下が貴国を訪問され、貴国官民の温かい歓迎を受けられました。徳仁親王殿下がはじめての外遊先として、オーストラリアを選ばれたのは、貴国が、その国章を飾るカンガルーやエミューのごとく、つねに前進してやまない明るい未来に充ちた国であるからであります。

日豪間の交流はスポーツの分野でもめざましいものがあります。一九六四年の東京オリンピックでは豪州水泳のオブライエンやフレーザー嬢、陸上のクラークやカスパート嬢の活躍がひときわ目立ちました。本年八月、千五百メートル女子自由形で貴国のジェニー・タレル嬢が出した記録は、わが国の男子選手の最高記録を凌《しの》ぐものであります。この分野で貴国の女子が日本男子の実力を凌駕《りょうが》している事実は、驚くべきところであります！日本の青年の実力が劣るのは、その食生活にも原因があると思います。豪州の食肉をいっそう食するようになれば体位も向上し、貴国の若者のたくましさを備えるようになるのではないかと思います。

われわれは、日豪貿易経済関係がすぐれて相互依存的であることを十分認識し、両国の力を巧みに結合することにより、共存共栄の道を進むべきであると考えます。

日豪間の緊密な協力関係をいっそう安定した基盤のうえに発展させていくためには、両国のあいだに経済・貿易面のみならず、政治・科学・文化そのほかあらゆる分野において、相互理解に基づく信頼と協力を深めることが肝要であります。この意味で、私の貴国訪問の機会に文化協定が締結され、また、両国の文化交流を拡大するための方策について合意がえられましたことは、日豪両国民双方にとり重要な前進であると確信するものであります。

昨年十月、ウィットラム首相が訪日されたさい、首相と私とのあいだで両国の基本関係を規律する奈良条約を締結することに合意をみましたのも、まさにこのような両国の信頼、協力関係の重要性を認識していたからにほかなりません。私は、この条約ができるだけ早い機会に締結されることを希望します。


（昭和四十九年十月、オーストラリア、ウィットラム首相主催の午餐会での挨拶）

公式スピーチのマナー

スピーチはいうまでもなく、その場その場タイムリーな使い分けが肝要だ。そうしたなかで、フォーマル（公式）、インフォーマル（非公式）の場で話し方もまた変わる。

さて、フォーマルなパーティや食事の席などで、もっとも要求されるものは何だろう。絶対に秩序を乱すな、ということである。加えるなら、その際のスピーチにあまり感情を盛り込むなということである。

スピーチ以外の他のマナーがきちっとしていればいいのではないか、言葉くらいカタイことというなといったことでは、今日の国際感覚を要求されているビジネスマンなどは通用しないということになる。

あの「固苦しいことがニガ手」「フォーマル嫌い」で鳴った田中角栄でさえ、そうした席でのスピーチはきわめて常道を踏んでいる。もっとも、「日本の青年の実力が劣るのは、その食生活にも原因がある。豪州の食肉をいっそう食するようになれば、体位も向上し、貴国の若者のたくましさを備えるようになるのではないか」と、田中一流のユーモアだけは付け足すことは忘れていない。

そのうえで、留意すべき点は、こうしたスピーチと行動としてのマナーが、一致していなければならないことである。

田中は先のオーストラリアのスピーチのあとの午餐会では、おおいにウィットラム首相の失笑を買っている。主賓である田中は、食事中、ちょくちょく席をはずした。じつはワインを飲みすぎ、しきりにトイレを往復していたのだが、行動マナーで〝減点〟ということになる。ウィットラム首相は、さかんにクビをヒネリ、「ホワイ（なぜ）？」を連発したのだった。また田中は、ワインでいい気持ちになりすぎ、食事中の会話も大熱弁をふるった。ついには気合いが入りすぎ、食事のナイフ、フォークを振り回すので、ウィットラムは、右に左にからだをかわしつつ、「イエス」「イエス」を連発していたものであった。

こうしたスピーチと行動の〝言行不一致〟は、厳に戒まなければならない。

招待会

63 心温まるふるさとの心

……新潟県人のみなさんッ、すっかりご無沙汰《ぶさた》しております。日ごろから、私のために、ご支援、ご鞭撻《べんたつ》いただいているみなさんが、このような形で、私を励ましてくださることは、本当にありがたいことである。私がこんなに晴れがましい席で、公の形での激励を賜わることは、今から三十五年前、昭和十四年春ッ、私が現役兵として入営したとき以来、はじめてのことであります。私は、心温まるふるさとの心に接し、しみじみたる思いであります。

私がみなさんの支持を得て、内閣を組織いたしましてから、二年間の月日がたとうとしております。内閣総理大臣に就任したさい、「前線に向かう一兵卒のような気持ちだ」といったことがありますが、それは、つい昨日のような気がするのであります。そして、そのときの心境は二年後の今日もまったく変わっていません！　国民のみなさんと手を携えて歩み、国民のための政策を勇断をもって実行していくことには、きわめて重い責任を伴うのであります。私は、すぎこし方をかえり見ながら、その重みをあらためて、心にきざみつつ、前進を続けてまいる決意でありますッ。

この二年間は、人類悠久の歴史のなかにあっては、まばたきするほどの時間にすぎません。しかしッ、世界が、新たな転換の時代を迎えているときだけに、かつて私どもが経験したことのない激動が、相次いで起こった長い二年間であったともいえるのであります。

世界は、緊張緩和の方向に進みながら、新しい国際秩序の確立にいわば産みの苦しみを味わっております。西欧先進工業国は、いずれも、転換期の困難に直面していますが、わが国も例外ではなく、物価、公害、エネルギーなどの諸問題の解決を迫られていることはご承知のとおりです。

眠られぬ夜

みなさん、私も人の子だ、国の運命にかかわる大問題をまえにして、いかにして国民生活の安定をはかるかを思い悩み、眠られぬ夜をすごしたことも、ままあったのであります！

昨年末には、顔面神経炎という病気にもかかり、口が曲がりみなさんにずいぶんご心配もかけました。しかし、ご覧のとおりすっかりもとどおりとなったし、健康は、最良の状態にあります。

いかにむずかしい問題にぶつかろうとも、今すぐに、「新潟へ帰りたい」などと泣き言は申しませんッ。現在、新潟県に存在するもの二百四十万ッ、全国に、私と同じく出稼ぎに出ておられる方々二百六十万ッ、合計五百万人ものみなさんが、私とともにあることに勇気づけられて、新たな問題に精力的に取り組んでまいります。そして、私は、理想の旗を高々とかかげつつ、当面する問題を一つ一つ、現実的に解決し、国民のみなさんの負託にこたえてまいる決意であります！

定年なんていってられない

私は、先ごろ五十六歳の誕生日を迎えました。会社でいえば定年をすぎたわけですが、定年なんていってはいられないッ。国と国民のためにはたすべき責務は、内政、外交両面にわたって数多く残されているのであります。しかし、高い理想をかかげ、しかもあくまで現実に立脚し、勇気をもってことの処理にあたれば、政治の理想は実現できるのであります。

しかし、政治は、一政府一政党のものではないッ。国民全体のものであります。当面するどの課題をとってみても、国民の参加と協力なくして解決できるものはありません！ **私たちは、後代の日本人のために、あしたの日本のために、親が私たちのためにかいた汗以上のものをかこうではありませんか、**みなさんッ。私たちの生活は、忽然《こつぜん》として今日ここに存在するのではありません。何十万年、何万年の歴史のうえに今日があることを知らねばなりません。同時に私たちの今日を一コマとして未来永劫《えいごう》に日本人の生命は続くのであります。

私たちの祖先が日本人の歴史の一コマを切らなかったように私たちも、これから未来に続く民族の一コマを切ってはならないのである。私は、そういう意味で、その責任を果たさねばならないと考えているのであります！

新潟の〝ふるさと〟も、しだいに青葉を増し緑濃くなっておりましょう。鮮やかな新芽が緑色を新たにするように、私は、日々決意と希望を新たにしつつ、国政に取り組んでまいります。私は、私に与えられた公の責任を果たすため全力投球いたします！（大拍手）

最後に、重ねてご参集の県人のみなさんのご好意、ご声援に心から感謝しつつ、みなさんのご自愛ご健勝をお祈りして私の挨拶を終わります。

（昭和四十九年三月、「田中総理を励ます新潟県人の集い」での挨拶）

招待されたときのスピーチ

この「定年なんていっていられない」とするスピーチの前年十月に起きた第一次石油ショックも手伝って、田中内閣の経済政策は〝頓挫〟、「今太閤《いまたいこう》」と呼ばれた総理就任時の超高支持率も急速に降下とさんざんだった田中角栄は、これを見かねた新潟県人による激励会に招かれ、先のような挨拶をした。このいささか興奮、いささか神妙な田中のスピーチは、しかし、終わってみれば、万雷の拍手、つまり聞き手に感銘を与えてやまなかった成功例の一つといっていいのである。

こうした激励会に招かれるといった以外でも、たとえばビジネスマンには下請け会社、おとくいさまあたりからの招待をうけるというケースも少なくない。田中は、そうしたさいのスピーチの要諦は何かもこの挨拶のなかで教えている。

すなわち、スピーチの基調としては、招いてくれた側との人間的キズナを強調しながら、招かれた〝好意〟のお返しをちゃんとはたしているという点を強調せよとしている。招待をうけたのだからまずそこに呼ばれたことに対する感謝をし、呼んでくれた先のがんばりぶりをホメあげ、さてこれから自分はどんな寄与ができるだろうかを提示したあと、今後も全力投球でお役に立つ決意を述べて結べとしている。うかがえるのは、田中の持ち味である一貫した誠心誠意の姿勢ということでもある。

祝賀会（開業・落成式）

64 勤労青少年の心のよりどころ

……全国勤労青少年会館の開館式にあたりまして所見の一端を申し述べ、祝意を表したいと存じます。

雇用促進事業団が工費百億円を投じて建設されたこの会館もいよいよ竣工《しゅんこう》、開館のはこびとなったことは慶賀にたえない次第でございます。いま、理事長から述べられたとおり世界にも類例のない大きな施設が、またくわだてが一つ成ったわけであります。この会館の完工開館は、日本の経済の姿をそのまま象徴するものであろうと考えるわけでございます。建物の立派さや、施設の完備、というよりも勤労青少年の心のよりどころを提供できたということは、大きな収穫であろうと考えるわけであります。

この中心的な施設だけではなく、この種の施設が全国いたるところに設けられて、日本の勤労青少年の本当の心身のよりどころとなり、新しい日本の建設がこの会館から生まれ育つことを強く期待したいのであります。

四十年前の夜学時代を思い出した

勤労青少年といわれる人は十五歳から二十五歳といわれるわけでありまして、この十五歳から二十五歳までのあいだの人たちは九百六十三万人であります。この九百六十三万人という若い日本の勤労青少年、この人たちが日本経済の中心となり、またこれからも中心となっていかなければならないわけであります。私は今日この会館にまいりますまでのわずかな時間、車のなかでかつて勤労青少年であった当時の自分のことを思い起こしてまいりました。昭和九年の春、はじめて東京に出てきたわけでありますから、ちょうど数え四十年になるわけであります。昼間働きながら夜学に通ったことがあります。私はまたとできなかった人生の大きな勉強をそこでしたと、しみじみたる思いであります。

ただ単に青少年時代を学生として、また思うばかりはばたける、好きなことをし放題にできることが楽しいのかというと私はかならずしもそうではないと思うのであります。

お互い一人一人みな生まれ育つ環境も違いますから、いろいろな社会にいろいろな生き方をして育ってくるわけでありますが、私はそのなかで勤労というものがいかに大切なものであろうか、勤労ということを知らないで育った人は不幸だと思います。**本当に勤労をしながら育った人のなかには、人生に対する思いやりもあるし、人生を素直にみつめる目もできて参りますし、わが身にくらべて人を見る立場にもなりうるわけでありまして、私はそれは大きな教育だと、また教育であったと考えておるのであります。**

本当に病気をしてみなければ病気の苦しみがわからないように、本当に貧乏しなければ貧乏の苦しみはわからない、という人がありますが、勤労しない人が、勤労の価値を論ずることはできません。勤労をしない人がどうして勤労の価値を評価することができるのでしょうか、私は今、本当に政治の責任の立場に立って考えますときに、勤労ということは何か、勤労というものが本当にどんなに正しく、どんなに必要であるかということが、このごろ論じられることよりも、勤労は生きるための一つの手段でしかないというような考え方が、このごろ充満しつつあるような気がいたします。もし、あるとすればそれは政治の責任でありましょう。

勤労というものは自分たちの生活だけではなく、人類の歴史を永遠に支えるために不可欠なものであります。勤労なくしてどうして人類の向上があるでありましょう。だから勤労青少年には自らの環境が、環境でやむをえないものであるというような憐憫《れんびん》の情は禁物であります。学校へ入るのも、勉強するのも、それは自らに適合した勤労をして、より効率的、合理的なその人に適した職場を与えられたときに、能力を発揮できるように勉強するのだ、そしてその結果、自らのためにもそしてそれが社会のためにも、人類のためにも絶対不可欠なものなんだ。

お互いは、忽然としてここに現われたのではありません。何千年、何万年、何十万年、何億年の歴史のうえにあります。われわれの生命もまた、久遠《くおん》に続くのであります。無限に続く人類の生命のなかの一コマ一コマをつないでいるのであります。われわれの祖先が、人類の生命をつなぐためにたゆまざる努力をしたように、われわれも後代の生命のために、たゆまない努力を続ける義務があるのであります。私はその意味で、勤労青少年に自信を持ちなさい。そして自らのおかれている立場にほのかな誇りと、感謝を覚えるべきだといいたいのであります。

田中角栄が青少年に与えた一言

私は、今日この建物を見上げて、日本人の勤労の成果というものを本当にしみじみと感じました。そして、私は、この会館を利用される青少年のために一つのことを申し上げたい。
私は勤労青少年といわれたときの時間は短いのでありますが、その時間のことを妙に覚えているのであります。加藤咄堂《かとうとつどう》という有名な先生がおられましたが、東洋大学の講座を聴講したときだったと思いますが、「青少年は、今に見よという。はたしてそれは今に見ゆるであろうか、ままならぬ浮世なるかなと一滴の涙に、過去を追懐するやからとなってはならない。それは勉強することだ、人生に自信を持つことだ……」と、こういわれましたが、短いひと言でありますが四十年たった今日でもなお、胸底を去らないのであります。朱熹《しゅき》の〝偶成《ぐうせい》〟という詩に、「少年老い易く、学成り難し、一寸の光陰軽んずべからず、いまださめず、池塘春草《ちとうしゅんそう》の夢、階前《かいぜん》の梧葉《ごよう》すでに秋声」という言葉がありますが、みんな勤労青少年のときの短いときの思い出であります。「大仕事を遂げて死なまし、熱情の若き日はまたと来はせじ」、何人《なんぴと》が詠んだ詩か知りません。しかしそれは、勤労青少年のころの思い出の一コマであることは事実であります。

多感な青少年がとまどうようなことがあったり、そして自分の勤労というものに対して自信を失うときには、国家や民族の危機と考えなければならないのであります。青少年に明朗闊達《かったつ》に、この太陽の広場のごとき気持ちで自信をもって生きてもらいたい、そのよりどころとしてこの施設が、青少年のためになることを心から祈りたいのであります。

この会館竣工までに寄せられた、雇用促進事業団および、関係者のご好意やご協力に、心から謝意を表しますとともに、本当にこの会館が、勤労青少年のために望ましい、理想的な心のよりどころになり、修養、教養の場になることを祈って私の祝辞といたします。


（昭和四十八年七月、全国勤労青少年会館開館式での総理大臣としての祝辞）

お祝いの言葉の述べ方

祝賀会でのスピーチは、もとより「祝辞」である。また、結婚披露宴と同様、聞き手の胸中は〝ともに喜び合う〟ところで一致している。そこが最大のポイントになる。

単に、お祝いの言葉を述べるだけなら、主催者にひと言、挨拶すればコトはすむわけだが、そこに関係者が参集しているとなると、これは「おめでとうございます」ではすまない。

要求されるものはなにか。まず主催者にとっては、祝賀会を借りての〝ＰＲ〟の場であることを忘れてはならないということになる。だからこそ、聞き手には花を持たせる必要がある。開業した、建物が完成したことに対する祝意と、祝賀会に参集した人たちのなかにはここに至るまで長いあいだ汗を流した人もいるだけに、そういう人たちへの気配りも忘れてはならないということである。

　一方、花の持たせ方も、ホメまくればいいというものでもないこと留意すべきである。田中角栄の全国勤労青少年会館の開館式における祝辞をみると、力みがないことにも気がつく。そのうえで、〝働く〟ということと、自分の勤労青年時代の〝人生観〟を嚙み合わせて、しみじみしたものに仕立て上げている。決してホメてばかりはいないということが肝要である。

　生きて行くには、働くことはだれもが避けては通れない。ときに、つらい局面もある。田中は自らのそうした時代を振り返りながら、参会者と同じ土俵に乗り、巧まざる一体感をつくっている。主催者のＰＲ意識も巧みに満足させ、たっぷりと花を持たせているのがわかるのである。

追悼・法要

65 金丸クンは近代化した武田信玄ッ

……エー、田中角栄でございます。みなさんッ、金丸《かねまる》（信《しん》）クンはよく口ではズケズケものをいうが、ホントはシンから人情こまやかな人なんだ。ええですか、中央自動車道が開通したのも、これはなにより金丸クンの政治力なんです。

まァ、金丸クンは近代化した武田信玄《たけだしんげん》ッ、私は上杉謙信《うえすぎけんしん》だナ（拍手、哄笑）。

エー、鈴木《すずき》（善幸《ぜんこう》）内閣はどうなるんだと、こう心配している人が多い。しかし、鈴木内閣は（自民党内）みなで推せんしたんだ。無競争当選なんです。本人が、どうしてもやめたいというまでは続くッ。これは間違いないことです。

いま、金丸行革委員長のもとで審議している行革法案ですがね、これはまだトビラにすぎません。ここにいる竹下クンあたりがわが国の代表になるときは、こうしたことはちゃんとやらなきゃダメです。それまでは、この金丸クンに一所懸命やってもらう！（拍手）。

みなさんッ、ええですか、全部地ならしして、そのうえに家をつくるんです。オヤジがつくってくれる家に入ってイッパイやる、これがいちばん利口なやり方なんです。しかし、そんなことは許されんッ、若いうちはとにかく働く。それが政治というものであります！

（昭和五十六年九月、田中派金丸信代議士の亡父「七回忌法要」での挨拶）

〝型破り〟な法要のスピーチ

田中角栄のこのスピーチは、なんとも型破りである。

もちろん、金丸代議士の亡父を偲《しの》ぶ部分がまったく欠落しているわけではなく、ここでは省略したがここでは話し中に偲ぶ部分はある。だが、田中はそのポイントを、すでに他界してしまった父親を超えて〝現実〟に置いている。つまり、亡くなった父親よりも、これからもっと厳しい現実を生きていかなければならない遺族である金丸代議士自身に、ハッパをかけたというわけだ。

通例、追悼・法要の席での挨拶は、今は亡きその人を偲ぶことにつきるのだが、田中は力点を変えることで、参会者の目を開かせ、ともすれば退屈でワン・パターンになりがちなこうした場合の挨拶を切り抜けているということである。こうしたスピーチもあることを、心しておいて損はない。

しかし、これはかならずしも一般的とはいえない部分もある。無難なのは、やはり亡きその人を偲ぶことにより力点を置くことだ。ヘタに〝現実〟に力点をおきすぎると故人がかすんでしまうことに要注意だ。

この場合の基本は、故人と自分の関係にふれ、故人の人となり、あるいは実績、足跡に言及し、哀悼の意を示すことである。むろん、遺族への激励は不可欠である。こうした要素が盛り込まれていれば十分の挨拶となる。

しかし言うは易しで、行なうはなかなかむずかしい。場所が場所だけに、そこに漂う空気は重い。どうしても、「万感胸に迫り」などと美文調の紋切型、マンネリ型にも陥りやすい。あるいは、お涙頂戴《ちょうだい》型のほうへいってしまう。ホッとするような救いも欲しいということである。重い空気のなかにあえてまた暗さをふりまいても、挨拶としての生彩はないということである。田中の場合、そうした席でもいささかのさえ笑いを引き起こす。いわんや、余人のマネのできない名人芸ということである。

プレゼンテーション・講演会

66 戦後史の真相を語ろう

……みなさん！　この夏休みはゴルフを五十五・五ラウンドやりました。昨年は五十二ラウンド、ホントは六十ラウンドやってからヤマを下りたかったが、そうなると来年以降は六十五ラウンド、七十ラウンドと目標を掲げなければならないのでやめておいた（哄笑）。今年のベストスコアは四十二、四十二の八十四だ、なかなかうまくいかん！（爆笑）。

みなさんッ、今日はせっかくでありますから、若いみなさんに戦後の日本と世界がどうしてできたか、これを一つ史実に基づいてお話ししてみたい。

一九四五年、第二次世界大戦は、それまでにない新しい終結方法をとったのであります。日清、日露両戦争や第一次大戦のように、戦勝国が敗戦国に過酷な賠償や領土を要求しなかった。それればかりか、敗れた国が逆に援助をしてもらったものであります。

第二次世界大戦を終わらせたのは、不幸にも日本の広島、長崎への原爆だ。核兵器は存在がわからないが持っているというところに意義があるが、今、世界にゴロゴロしているのはたしかなんです。だから第三次大戦が起きれば、これはもう勝ち負けはない！　人類が死滅するおそれがあるんです。みなさんッ、そこで戦勝国は戦争のタネを根絶しようと、日独伊三国を徹底的に解体するために思い切った占領政策をやった。こういうことがあります。

日本経済が発展した真相

まァ、そのォ、日本では憲法、教育基本法をつくり、内務省、警察を解体し、地方自治制度を設けて、当時の指導者を公職から追放しました。終戦直後、占領軍は平和を守るために、日本を一次産品国家に衣替えしようとしたんです。大前提はこれだッ。工業施設を撤去して、フィリピンに持っていこうとした。これが運命だったんです。それが第二次大戦の結果だ。

ところがソ連が出てきたねェ。自由主義陣営は協力して、防塁になろうということになったんです。クマやトラが出てきても、ジッとがまんしていればいいという人もいるが、そんなバカなことはないッ（拍手）。

さて、占領政策はまるで変わった。いったん背骨を抜いた人間に骨を入れ、セメントで補強したようなもんだ。機械のクモの巣をはらい、電力を供給したんです。日本は輸出主導型で世界の時流に乗り、今日の姿になった。こういうことであります。

講和条約が結ばれて、日本が独立しました。憲法改正の動きが出てきたのは、そのころからなんです。日本と日本人に合う憲法、諸制度をつくろうという動きが出てきたわけで、これは必然性のあるもんなんです。

占領軍は私を追放すると主張した

まァ、私は占領下で道路三法を議員立法としてやろうとした。そしたら、占領軍のホィットニー少将らが来て、「オマエを追放する」とやられた。みなさんッ、占領政策のなかで道路を整備するなんていうことは、再び戦争に使われるので、夢にも考えられなかったことなんです。しかし、有料道路をつくり、ガソリン税を目的税にしたことは、今の生活の基盤をつくったじゃねェですかッ。

こういうことを無視して、憲法は今のままのほうが自分に有利だという、狭い評価で政策態度をとっている政党に、はたして国民の過半数の支持が得られるわけはない！（拍手）

ところで、みなさんッ、諸君の家長を選挙で決めたら、かならず女房が当選するなァ（爆笑）。子供がなにか欲しがっても、買ってやれないものもある。でも、女房のほうは、「父ちゃんのキゲンのいいときにいってあげますからね」なんていっているんだから、当たりまえなんだ（笑）。

それは現実とは遠いけれど、そこを占領軍は狙った。婦人には参政権、選挙権と被選挙権を持つ年齢をそれぞれ、五歳引き下げたのであります。〝右〟という人がいるとき、半分が〝左〟といえば、これは結論が出ない、戦争はなくなるだろうと、こう思ったわけであります。

それはね、今まで一人で決めていたものを、委員会で多数で決めようとすれば行政費用も何倍にもなる。今の村役場は昔の百倍も人がいるじゃないですか。学校でも、校長が決めないで組合が決めるなんていうことにもなるわけであります。

まァ、日本は国際的変動のなかで、昭和二十年代は敗戦経済、三十年代は自立経済、四十年代は国際経済、そして五十年代は応分の負担をしなければならない時代を迎えたわけです。応分の負担とは何か。みなさんッ、日本だけで世界中の儲けを吸い上げることは、もはや許されないということなんです。

今年マイナス成長になりそうな西ドイツ、これは二百四十億ドルの借款をポーランドに与えている。日本は「五十億ドルだ」「六十億ドルだ」でガタガタしているが、自分が儲けるだけでは世のなか通らんッ。外国が日本からものを買いたくても、払うゼニがないということになるんだ！

終戦後、第三次大戦を防ぐための政策のなかに、貧困からの脱却ということがありました。世界銀行、IMF（国際通貨基金）、UNCTAD（国連貿易開発会議）が設立され、食えない人にはGNP（国民総生産）の一パーセントを無償で援助しようということになったのです。こういう恩恵を受けて、昭和二十八年、二十九年以降、日本は自立経済から国際経済の時代へと三段跳びを成しとげた。相当の負担をしなければいかんのです！

まァ、アメリカがいう防衛負担の問題もあるわねェ。「なぜ日本だけ大きい負担をしないのか」と、西欧諸国もいうわけだ。**日本には「憲法があるからできません」という人もいるが、わが家が侵されようというのに黙っている人はいないはずだ。**

みなさんッ、共産党だって、ハッキリと自衛権といっているじゃねェですか。ただ、いずれにしてもNATO（北大西洋条約機構）諸国に比べて、日本は戦略的要衝として格段の優位性がある。向こうは陸続きだ。朝起きてみたら、家のまわりの警備はクマばかりだってこともあるんです（哄笑）。笑いごとではない！　しかし、日本には海がある。

私が周恩来首相と話し合ったこと

私はねェ、中国はみなさん共産党だといいますがね、私が中国へ行って周恩来《しゅうおんらい》に会ったときに、「共産党は好きじゃないが、中国は便宜的《べんぎてき》共産主義だと思う」といったんです。みなさんッ、「黄河《こうが》文明以来、最高の知識人階層である中国人が、便宜以外で共産主義をとるはずがない」といったんですよ。そしたら、「田中センセイはよく勉強していらっしゃいますね」なんていっていましたがね（爆笑）。

こういうことがあります。だれにでもわかる真実で意思の疎通をはかり、雄大な理想の実現をはかろうとすること、これが政治であります！（拍手）

政治は政治家のものではないッ。われわれがいなくなったあと、諸君がやらなくちゃいけないんです。戦後三十五年、われわれはかけがえのない人生を経験したかもしれない。あまりにも変化が激しかったので、後世に残るような事跡を残したと自負することはできません。しかし、少なくとも社会主義国家群の側に立つことを選択しなかったことは賢明であった、こう思うのであります。諸君は、ああいう生活がお互いに容認できますか。それは誤りでなかったというより、日本人の血が求めたことなんです。

このォ、同じ人が三十五年もやっている。なかには問題も起こす。私もその一人だ（爆笑）。まァ、ねェ、ロッキードなんて身震いするほどイヤだけどね、時が来なきゃ解決しないんだからしょうがないわねェ、コレ。三権の体制を守り、法律の諸制度を容認する立場にたっているんだ。だから、制度が決めるまでがまんしなけりゃしようがないと思っているけど、まァ、国民からみれば〝こんちくしょう〟と思うだろうね、わかるんです（笑）。しかし、にもかかわらず自民党を支持しておるッ。政治は国民全体のものであり、将来の子孫に継承される生命であります。そういう意味で、諸君！　自信を持って、これからもしっかりした足どりで前進しようではありませんか（拍手）。

（昭和五十六年九月、神奈川県箱根町《はこね》での田中派当選五回以下の衆院議員の集まり「七日会」青年研修会での講演）

会議と講演会の大きな相違点

このケースは、田中の講演会での話の例たが、プレゼンテーションと講演会の話し方は、話の展開の仕方に百八十度の違いがあることを知っておいてもらいたい。

講演会は、まず何を話したいのかをマクラとし、そのうえで何のためにここで話すのかの理由説明があって、結論は当然、最後に持ってくるのが一般的だ。

こういうスタイルで入ると、聴衆はまずテーマがわかったことで、さてこれから話をたっぷり楽しもうという気持ちになっている。だが、結論を先に出されたのでは、これは楽しみが半減ということにもなる。あくまで、結論はあとでがコツである。

一方、プレゼンテーションの場合は、これはズバリ、結論から入るべきである。会議は楽しみの場所でなく、〝戦場〟という認識が必要だ。

みんなが知りたがっている戦果の報告などといった結論からまず入り、ついでその理由はどこにあるのか、そのためには今後こうすべきであるという解説、主張が必要になる。つまり、講演と会議とは、順を逆にして話をしたらいい。田中角栄の場合も、こうした手順を踏んでいる。プレゼン、講演会ともに単なる雑談の延長ではないことを知らなくてはいけない。

「メリハリ」ということである。

三章

田中角栄の説得術

説得術

1

相手をどう見抜くか

人物鑑定の八大原則

「最高の戦い方は、事前に敵の意図を見破ってこれを封じることである。これに次ぐのは、敵の同盟関係を分断して孤立させること。第三が戦火を交えること。そして最低の策は、城攻めに訴えることである。城攻めというのは、やむなく用いる最後の手段にすぎない」

「敵を知り己れを知れば、百戦して殆《あや》うからず」

いずれも中国、春秋戦国時代の兵法書『孫子《そんし》』の名言である。

これは今日の企業戦争など厳しい競争社会の〝戦法〟としても十分にあてはまる。すなわち、すべからく交渉ごとを成功裡《り》に持っていくためにはそれなりの〝術《すべ》〟があり、そのポイントはいかに「説得力」に優れるかにかかるということである。説得力に優れる要諦を、『孫子』はまず相手が何を求めているかを見抜くことだと教えている。交渉ごとがその会話で優劣が決まるとすれば、いわゆるスピーチの持つ意味もまた計り知れないということにもなる。
さて、田中角栄が海千山千の政治家を相手に抗争を繰り広げ、ことごとくこれを突破して長い政治生命を保ちえたのも、じつはひとえに相手を見抜く〝眼力〟の卓抜さによるところが大きかった。ときに、これが「角栄節」と称された名スピーチとして威力を発揮した。

しかし、ここで大事なのは、田中の説得力が単に抜群の気配りや、生まれ持った独特の迫力だけに頼ったものではなかったという点である。相手を見抜くために、事前に十二分の調査の手を入れていたことは先にもふれた。そのうえでの相手との対峙《たいじ》だったということである。

田中一流のこうした事前調査の凄さによる〝戦果〟は枚挙にいとまがないが、こんな一例をあげておこう。前章でもふれたが、ここではエリート官僚を学歴ナシの田中がいかにとりこにし、強大無比の人脈に取り込んで行ったかを周到な事前調査により見てみる。

田中のもとには、全省庁の課長補佐以上の役人について、〝身分帳〟もどきの考課表ファイルが取りそろえてあった。これには役人本人はもとより、夫人、子供から親類縁者にまで及ぶ履歴をはじめ、仲のいい役人はだれか、政治家のだれに近いか、退官後にその役人が考えている人生のコースは何か、誕生日、結婚記念日といったことまでじつに克明な調査記録だったとされているのである。

「結婚十年目だろ、奥さんを連れて来い」

そのファイルは役人の異動の季節のたびに増えていくのだが、超頭脳の田中の頭のなかにはその一枚一枚の中身がドンピシャで入っていた。これが役人との対応で十全の機能を発揮したのである。

「君の考え方はわかっている。そのうえでオレはこう考える。ところで、来月、君は結婚十年だろう。よしッ、こんど奥さんを連れて来い」

すでに、その役人の考え方は調査ずみである。それを十分に理解した形をとりながら、自分のペースに引っぱり込むのである。加えて、唐突に「奥さん」を出すことによる〝親近感〟などでも迫る。人間とはフシギな動物で、自分をどこまで相手が知っているかで親近感の度合いを測るのである。

こうして田中は相手と向かい合う場合、事前調査で相手がまず何を考えている人物であるかを見抜き、交渉ごとをすべからく自分のペースで進めることができたということである。

田中はこうした諸々の事前調査の持つ〝強味〟について、こう話している。

「(たとえば選挙の読みが抜群であることについて)過去の統計というものは、動かないもんなんです。そんなに振幅はない。政党の支持率というものはそんなに違わないんだ。六百人ぐらいの世論調査というものは、ほぼ九十五パーセント以上、確実なんです。だから、数字に興味のない者、そういうものの正確さということを信じない人には選挙はわからない。なんの商売もそうだけど、どこの県にはどういう取引先がある、おやじは頑固だった、しかし困ったときにほんとに必要な金は貸してくれた、どうにもならんときは物を引き取ってくれた。あるいは、息子は少し甘い、甘いが大学は出ている、といったぐらいのことは知っていますね。商売をしている人は全部知っている。そのへんのことを知らなくて商売がやれるわけはない。

そういうことで、やっぱり経験というものは大事です。しかし、ふつうは経験だけで物を言うからダメなんだ。私はそうじゃなくて、経験のほかに統計とか、そういうものを非常に重視している」

(『月刊プレイボーイ』五十八年七月号)

中国兵法書『六韜《りくとう》』の教え

もっとも、こうした事前調査があっても、天才に近い田中の人を見抜くという洞察力を、一般に求めてもあるいはムリがあるかもしれない。その場合、もっとも簡便な相手の見抜き方のノウハウを、やはり中国の古い兵法書である『六韜《りくとう》』は、つぎのように教えてくれる。

・質問をしてみて、相手がどの程度理解しているかを観察する。
・追及してみての、とっさの反応を観察する。
・間者《かんじゃ》をさし向けて内通を誘い、その誠実さを見る。
・秘密を打ち明けての、その人徳。
・財政を扱わせて、正直かどうか。
・女を近づけてみての、人物の堅さ。
・困難な仕事を与えてみて、勇気があるかどうか。
・酒に酔わせてみての、その態度。

まず、相手を見抜け。効果的スピーチへの近道もまた、これがスタートラインになるということでもある。

説得術

2

人心掌握術の極意

「説得力」を支える一つの要素に、人心掌握術がある。まず、相手を見抜くところからはじめる人心掌握術の〝手順〟は、つぎには見抜いた相手の主体性を認めるところにたどりつくことが不可能だ。

相手の主体性を認めるとは何か。相手の立場になってものを考え、その個性なり価値を認めてやることである。相手は自分を認めてくれたというところで、はじめて胸襟《きょうきん》を開こうとする。からだを固くしている相手に、説得力のクワを入れることはできない。いくら策を弄《ろう》しても、これは徒労に終わることが明らかである。相手が胸襟を開いてくれたところで、はじめて人心掌握術というものの端緒につくのである。たとえば、女性にいくら惚《ほ》れても、相手が徹底的に心の扉を閉じている状況ならこれはいくら通いつめても〝徒労〟に終わる確率がきわめて高いし、自分の個性や価値をちっとも認めてくれないと思っている部下は、上司に心底から従うということがないのと同じである。

人心掌握術とは、相手の主体性を認めてやるところから入れということである。

田中角栄の交通違反事件

田中がつねにこうした相手の主体性を認める方法をとることで人心を掌握し、自らの人脈を広げていった二つの例を引いてみる。

田中自ら、のちに「人のものさしの違いを考える教訓を得た」と語っている若き日のエピソードがある。

新潟から上京後、小さな土建事務所を持つ一方で、夜学に通っていた。夜学から帰ってすぐ、明日の手配のため自転車で職人の家を飛び回ることも度々であった。まだ人を使う余裕もなく、文字どおり社長兼雑役で、何から何まで自分でやらなければならないのである。ある晩、路上で警官に自転車を止められた。ライトをつけ忘れていたのである。

彼は「私は気がつかなかっただけなんだ。カンベンしてください」と頭を下げるが、「どうあれ、法律違反は許せん」と警官は強固である。しかし、田中は「私はですね。将来、国家有為《ゆうい》の材たらんとして夜学に通っているんです。その私が、なぜ意識して法律を破るんですか。無灯火はほんとに気がつかなかったのだから、これは〝意思なき行為〟で、法律も罰せずのはずです」と、栴檀《せんだん》は双葉より芳《かんば》しの譬《たと》え、のちの田中をホウフツさせるような反論をブツたものだ。警官も〝若造〟にこんなことを言われてはおもしろくあろうはずがない。「おまえはそんな法律用語も知っておるくせに、ますます許せん。けしからん」と、田中を近くの交番に連行してしまったのだった。

〝事件〟はささいなことではあったが、若き日の田中は、ここで先の「人のものさしの違いを考える教訓を得た」ということであった。つまり、「警官の立場に立てば、理由はどうあれ、法律違反が看過できないのは当たりまえだ。ひるがえって、自分はアセッていた。それぞれに〝言い分〟はあろうが、相手の立場を考えれば、自分の考えは引っ込めざるをえない」と考えたということである。

相手の立場でものを考えるということは、もとより気配りの基本である。ここで受けた教訓は、その後の田中に「まず相手の立場に立って考えろ」といった習慣として、身についたということである。もう一つのこんな例につながるのである。

田中の新潟の強大無比の後援組織であった「越山会《えつざんかい》」の幹部が、こんな証言をしていた。「ジイさんバアさんを連れて、陳情などでよく目白《めじろ》にうかがいますとね、田中先生がつねに相手の立場になってものを考える人だというのがじつによくわかる。相手がエライ人か、ふつうのジイさんバアさんかなどはまったく関係ない。『そりゃあ、こうしたほうがあんたにはトクだぞ』なんて、物事を懇切丁寧に説明、処理する。これは、先生がどんなに機嫌が良かろうが悪かろうが変わらない。じつに愛想よく相手をしてくれる。そうした自分を殺すというのか、相手の立場を重んずるというのか、言うは易いが、言われている田中さんの〝気配り名人〟を見る思いがした」

「説得」はどう展開させていくのか

説得術

3 「私の論理」を前面に出せ

たとえば、人の首にナワをつけて引っぱり寄せて相手を従わせるという〝説得術〟は、もとより相手が自発的に従ったものでないだけに先々の破綻《はたん》は目に見えている。同様に、人を説得する論理には「公の論理」と「私の論理」があり、あまり「公の論理」を振り回して説得を試みると、失敗のケースが多いのだということを知っておきたい。

ここでいう「公の論理」とは、論理が自分の考えでなく、一般論を振りかざしてのそれである。たとえば、「世のなかとはそういうもんだ」「そんなことが通用するわけはない」、そういう会話で相手を説得にかかる。ところが、相手には「それはそうだろうが、オレの考え方はこうなのだ」と、むしろ反発の余地を与えてしまうことにつながりかねない。つまり、こうした説得方法は、相手にとって、〝理屈〟以外の何ものでもないことになるということである。そこで、「公の論理」より、「私の論理」を説得の前面に出せということになるわけだ。

なぜ、「私の論理」が「公の論理」に勝るのか。これには、日本はまだまだ「情社会」という側面があるからにほかならない。国際色豊かにはなったわが国の国民性は、まだまだ儒教的発想には弱い。儒教的発想は、ともすれば情緒に流れやすいということである。たとえば、会社の仲間同士で一杯やっている。話題は最新技術の導入に基づく採算点はいかほどか、過当競争のなかそれは決して甘い計算は許されぬなどシビアな議論がさんざん続いたあと、「まア、しかし、オレたちはよくやっているよなア」などと、おひらきが近づくと手を握り合って〝納得〟となるケースがいかに多いことかを見ればわかる。つまり、「情社会」は、この国ではまだまだ色濃く残っており、そこには最終的に「公の論理」より「私の論理」が優先するという土壌があるということを証明しているということである。

「田中さんは秀吉とよく似ているよ」

そうした「情社会」の根底をなすものは、日本人のメンタリティである。一方で、強靭《きょうじん》なガマン強さであり、その裏側に秘むモロさ、弱さの大きな落差ということである。

田中角栄は、このあたりを十分読み切った人との接し方をした。

こんな証言がある。

「田中さんという人は（「私の論理」の打ち出し）『オレはこうやる』『オレの考え方はこうだ』と、自分の意思表示を自信をもってやる。結局、田中さんに従って行ったほうがいいなという考えになってしまうんです。これはリーダーたるものの必須条件の一つということができる。

と同時に、田中さんのいい面もわるい面も、その根底は〝強さ〟と〝情〟が支えている。いうなら、忠臣蔵《ちゅうしんぐら》であり太閤記《たいこうき》だ。強烈な個性で敵を味方につけ、どんどん城を増やしていった秀吉《ひでよし》によく似ている。あるいは、明治、大正、昭和を通じ、国家主義者として大御所的存在だった頭山満《とうやまみつる》にも似ている。頭山はコブシで牛を殺してしまうほどの腕力がある一方で、一匹の蚊に涙する人だったと知られている。たっぷりの血を吸わせ、放してやる人なんです。こういうのを日本人は好きなんだ。

あるいはまた、田中さんのことを〝金権〟といった単純な図式でしか理解できない人を、ぼくは不幸だと思っている。選挙でもなんでも、『キミを買ってるよ』『心から応援している』では、結局、人というものは動かない。これは、一般の社会だって同じだ。カネの援助があって、ほんとに助かる人もいる。『がんばんなさいよ』と百万べん言ったって、この人がはたしてほんとに窮地を脱せるものかどうか。その人の誠意と、一方でカネ、物質と援助というものの調和があってこそみなが喜ぶことは、世のなかあたりまえのことじゃないか。かえって、キレイごとばかり言っている奴ほど、ろくでもないのが多い。そんなのに、本気でその人のためについていく者はいないということじゃないか」（元衆院副議長・渡部《わたなべ》恒三《こうぞう》）

ここでは、もとより「私の論理」が田中一流の人心掌握術の有力な武器であることを明らかにしているが、田中にはそれを支えるものとして物質の裏打ちがプラスされていることに注目である。つまり、言葉としての「私の論理」という〝骨〟に、物質の裏打ちでそれに〝血肉〟をつけているのである。両面で攻められた田中の前に立った相手は〝逃げ場〟を失い、田中の掌中に入らざるをえなくなるということである。

もう一つ、田中の「私の論理」について、こんな例をあげておこう。

田中は若い官僚との会話や二世議員の「励ます会」などで、よく彼らの父親の話を持ち出す。「キミの親父さんはこうだった」と、〝くすぐり〟をかけるのだ。この場合、田中が父親のことを事前にすっかり調べ上げてのことであることは言うまでもない。場合によっては、これが当の官僚や二世議員が知らない話が出ることもある。「うんと勉強して局長、次官を目指せ」「○○クンは親父以上の大物になります」といったいわゆる一般的な話（「公の論理」）をさておき、田中自身の〝個性〟をぶつけることで相手を参らせるというワケだ。「私の論理」の薄弱な説得力は、人心掌握は度が弱いということである。

説得術 4

泣きどころを握る

この章のはじめに、まず相手を見抜く必要世にふれた理由は、ここにこそある。相手を攻めるには、何よりもその「泣きどころ」を見つけるということである。

「泣きどころを握る」とは、もとより相手の弱味を握るということでもある。弱味を握るとは卑《ひ》怯《きょう》な手法ではないかという向きがあれば、しかしこれは世のなかで応々にして行なわれているむしろ〝正攻法〟であるといわなければならない。スポーツを見よ。相手の弱点を攻める。自らのカミさんを獲得したころを振り返って見よ。頑として嫁にやれぬ、私はイヤよといった環境を打ち破った輝かしい手法はなんだったか。手を変え品を変え〝側面（カミさんの実家の弱点部分）〟攻勢をかけなかったか。歯の浮くようなセリフで迫らなかったか。欲しがっていた高価なハンドバッグを、泣く泣く小遣いをはたいて与えなかったか。

しかし、これらの〝手法〟は世のなかの常套《じょうとう》手段であり、だれもうしろ指をさす者はいない。相手の弱みを握って勝利することにほかならない。つまり、説得術としては奇策になるが、決して〝悪手〟ではないということである。

田中角栄はまた、こうした「泣きどころを握る」名人でもあった。人の琴線にふれるようなことを、巧まざる形で堂々とやってみせる。失意の相手、冠婚葬祭すべてがこうした格好の〝対象〟になっていたのである。

失意の相手への接し方

こんな話がある。

田中派に村岡兼三《むらおかかねぞう》という代議士がいた。彼は昭和五十一年十二月の総選挙で落選の憂き目を見た。落選直後に田中から、こんな連絡が入った。「オレの議員会館の部屋を事務所として使え」と。議員バッジをもぎ取られた村岡は、同時に議員会館の部屋も取り上げられ、まさに尾羽打ち枯らしたときだった。しかし、議員バッジなしで議員会館を闊歩《かっぽ》するなんてことは、とても恥ずかしくてできない。で、これは断わった。するとこんどは、田中は同じ田中派大幹部の小沢辰男《おざわたつお》に手を回し、砂防会館《さぼう》（平河町《ひらかわちょう》）の小沢の事務所の六坪ほどの一角を使わせた。机も電話もつき、むろんバカにならない家賃はタダである。そのうえ、当時、行政管理庁長官だった同じ田中派の、西村英一《にしむらえいいち》の秘書官の肩書も与えられ、秘書官室も与えられたうえ毎月の給料も確保してもらった。田中は、「秘書官といっても仕事はしなくていい。つぎの選挙のための準備をしておれ」といってである。

村岡はつぎの総選挙でカムバックを果たした。東京で事務所が二つ、上京してくる選挙区の人にも顔が立った。村岡はのちに、「オレはなんとしても田中先生のお役に立たなきゃならん」としみじみいっていたのである。

また、田中の失意の相手あるいは落ち目の人にへの接し方は、村岡代議士のような政治家ばかりに向けられたのでは決してなかった。

病気入院が、またそうである。たとえ議員でなくとも、敵見方を問わず、不働きの人間にも病院へ自ら足を運び、院長に自ら「とにかく治してやってくれ」と頭を下げては、あわせてビックリするような見舞金も忘れないのが田中流であった。病気というのは、ともすれば人の心をも落ち込ませてしまう。こうして受けた気配りを、忘れる人はいないということである。

また、親しかった人が亡くなったりした場合、その家族まで心配してしまうこともあった。田中が総理のときに警察庁からの出向で秘書官を務めたSという人物が、自分の部下である警察官がおかした事件を苦にして自殺した。あるいは、ロッキード事件絡みで昭和五十一年八月に、秘書兼運転手のKが自殺したことがあった。この双方にも、田中はまず悲嘆にくれる奥さんを慰め、残された子供たちの親がわりを約束した。SとKの子供たちはすでに学校を終え、立派な社会人になっている。田中が病気で倒れ、やがて亡くなったことを、この両家族は心から悼《いた》んでいたそうである。

「結婚式より葬式が重要」

このほか、冠婚葬祭などについて、つぎのような証言をあげることもできる。

「当時、秘書だった早坂茂三《はやさかしげぞう》が、一度、田中からこっぴどくドナられたことがあった。田中の考えは、『結婚式などは喜びごとで本人が幸せなんだからムリに励ましてやる必要はない。が、葬式は別だ。人間の悲しみの頂にあるのに行かぬわけにはいかぬ』である。ときに、早坂が田中と親しい関係にある人の葬儀日程をつい忘れてしまったらしく、田中のスケジュールから抜いてしまったわけだ。一にも二にも、早坂が田中からドナられたのはこれだけだったとされる。

また、毎年、夏の一カ月を軽井沢《かるいざわ》の別荘で過ごした田中だったが、ここではあくまでゴルフ三昧《ざんまい》が目的で、永田町《ながたちょう》にどんな用事があってもまず戻らなかった。政界VIPが会いたいのなら、こっちに来たらいいという姿勢です。むろん、結婚式、励ます会のたぐいにも出ない。が、こと葬儀に関してはかならず出席した。亡くなったと知ればまず通夜に駆けつけ、そのあと本葬に出る。そのため、わざわざヘリコプターを飛ばしたことさえある。そのうえでかならず二度、仏様の前に立つ。こういうことで、田中の人間性を見ない人はいない。単なる人気とりのためなら、とてもここまではできるものではない。巧まずして、人の泣きどころを握ってしまうんです」（旧田中派代議士）

人の喜びに拍手を送ることは、これはだれでもできる。また、失意の人に飛び込むのは勇気のいることでもある。「余計な荷物を背負う」のは、だれでも避けたい。が、失意のなかにいる人ほど、差しのべられたときの温かみを忘れる人はいない。人間万事塞翁《さいおう》が馬、運命の転変はだれも予測できない。自分が失意のなかにあったとき、手を差しのべられた者からこんどはどんなビッグプレゼントがあるかもしれないということである。

相手の泣きどころを見抜きながら、これを積極的に説得の材料に使わぬ手はない。それまで頑として落ちぬ相手が、案外コロリといくことがあるのもこうした場合である。人間、弱い部分で手を握った者同士は、強固な〝しがらみ関係〟が構築できるのである。

説得術

5

相手を驚かせて目を開かせる法

ロッキード裁判での「ハチの三恵子《みえこ》」の証言のなかに、「榎本敏夫《えのもととしお》は秘書官当時、いつもチップを入れたノシ袋の束をポケットいっぱいにしていた」というのがあった。こうしたノシ袋すなわち〝カネの友好活用〟も、田中一流の人心掌握術におおいに寄与していた。それも、相手が驚くような手である。相手を驚かせるということは、相手にとって気持ちの高まりが起こるということであり、その高まりのピークでは両者の緊張感をやわらげるという作用がある。

これにも、いくつかの証言をあげることができる。

「自民党幹事長時代、選挙の公認候補に選挙資金としてのカネを渡す。いくらでいっぺんに渡すのだが、田中幹事長は違っていた。たとえば、まず、三百万円を渡す。深々とアタマを下げ、引き下がろうとする候補者に追い打ちをかけるのだ。『ちょっと待ちたまえ。キミの選挙区は厳しい。これを持って行きなさい』。候補者は、ポンと二百万円の束を差し出されて驚く。そして、〝気っぷのよさ〟を見た候補者は、田中幹事長にあらためて目を開いたものだ」

こういう話もある。

新潟県の元長岡《ながおか》市議に小林春一《こばやしはるいち》という熱狂的な田中信者がいた。昭和五十三年、この小林の愛妻が亡くなった。その後、間もなく田中は小林を呼んでこう言った。「キミの今の心境はワシにはよくわかる。しかし、政治家は公人である。一刻も早くすっきりして、大衆のために尽くさねばいかん。これは友情としてキミにあげるのだ。仏壇でも買ってほしい」と、小林の前にポンと百万円の包みが置かれたのである。百万円は香典、一市議の亡妻へのそれとしては〝相場〟をはるかに超えている。小林はビックリし、いよいよ田中の選挙区〈新潟三区〉の長岡地区での田中票上積みに熱中しだしたのはいうまでもなかった。

「反田中」の代議士に五百万円の見舞金

あるいはまた、こんな話もある。

福家俊一《ふけしゅんいち》というベテランの自民党福田《ふくだ》（赳夫《たけお》）派の代議士がいた。福家は何度か〝田中批判〟をブチ上げていた。この福家は昭和五十八年暮れ、からだをこわして入院した。病院には親分の福田もなにがしかの見舞金を持って見舞いにきて、「なんとか早く治してやってくれ」と医師にアタマを下げたものだが、田中のやり方はチョット違っていた。見舞いにくるや、ベッドの上でからだを動かせぬ福家の足元にソッと分厚い袋を入れて帰って行ったのである。福家があとで開けてみると、ナントこれが五百万円の札束である。過分な見舞金に、福家本人はもとより驚きの目を見張ったが、驚きはこれにとどまらなかった。結局、退院まで田中はつごう五回も見舞いにきて、そのたびに五百万円入りの袋を、同様に足元にしのばせて帰ったというのである。福家はいよいよあっけにとられた。政治家仲間としての義理での一回の見舞いなら、これはだれでもやる。田中は親分でもないのに五度も足を運んだ。しかも、常識をはるかに超えた〝物量作戦〟も加えて。福家は以後、トンと田中批判を引っ込めてしまったのだった。

田中におけるこうした相手の目を開かせるやり方は、一方でかならずしもカネを使ってということでもなかった。

田中が三十九歳で郵政大臣として初入閣を果たした折り、就任後間もなく郵政省記者クラブとの懇親会を赤坂の料亭でやった。宴会がハネて、記者連中は帰りしなに思わずうなってしまったのである。料亭玄関口に降りると、客用の土産包みがあった。どうしたことか、記者一人につき、それを二つずつくれるのである。一人の記者が、なぜかと田中に問うた。「一つは奥さん用だ。持って帰ってくれ」。記者たちは目を丸くして、こうなった。「若いが、なかなか目配りの利いた男だな」と。カミさんが喜んでくれるのは、記者だってうれしい。記者たちは田中に見事にツボをつかまれたということである。

かくて、田中はたった土産包み一つで、郵政省記者の人心の掌握に成功したということだったのだ。

説得術

6

「駆け引き」の技術

人は利害関係で動くものだと知れ

人間にはあらゆる欲望がある。カネ、地位、女……。そうしたことに不満を持っていた者が、それを満たしてもらって不満であるはずがない。自分にとっての利益を切り出され、興味を示さぬ人間はまずいないということにある。かつて、田中角栄が土建屋社長として修羅場を渡っていたときも、仕事をとるためこうした利害関係をおおいに利用して人心を取り込んだ。「カネが欲しいか、女が欲しいか。イヤならオレが寝てもいい！」といった冗談めいたセリフで迫ったこともある。

ところが、相手にとっての利益をズバリ切り出したほうが得策か、あるいは〝アメとムチ〟の手法が得策かは一概には言えない。もとより、相手の〝性格〟をまず読み取ることが肝要だ。「まず相手を見抜くことからはじまる」は、やはりここでも生きているということである。田中角栄はまた、相手を見抜いたうえでの、〝アメとムチ〟の手法を用いる場合も多かった。

田中角栄の新人代議士操縦法

政治部記者の証言がある。

「選挙で多くの新人が誕生する。田中は彼らを激励の意味で料亭に招く。たとえば、それが幹事長のときなどは、座敷では自分はいちばん下座《しもざ》にすわり、彼らを床の間を背にした上座《かみざ》にすわらせる。そして言うんです。『よくやった。当選おめでとう。これからは党のためにおおいにがんばってほしい』と。いわば〝アメ〟をしゃぶらせたわけ。新人たちはいい気持ちになっているが、これは田中のジャブで、新人たちにはつぎの〝ムチ〟が待っているんです。『政党政治なのだから、諸君は幹事長の言うことを、よくキモに銘《めい》じて努力されたいッ』と。新人たちは、いちようにビリッときますよ。ちょっとくすぐっておいて、バシッとやる。田中はこの〝アメとムチ〟をかつての進歩党大物代議士の大麻唯男《おおあさただお》に学んだそうです」

〝アメ〟が先になるか、〝ムチ〟が先になるかは、これはケース・バイ・ケースだが、〝ムチ〟が先になった例もある。

昭和五十四年秋の「自民党四十日抗争」の首班指名で、中曽根《なかそね》（康弘《やすひろ》）派は田中角栄に逆らった形で大平正芳《おおひらまさよし》を担がず、福田赳夫を担いだ。その後、結局は大平が首班に指名された。田中は大平にネジを巻き、その後の改造人事で中曽根康弘の要求した幹事長ポストを蹴《け》ってしまったのである。中曽根はこの田中の仕打ちに大いにムクレだったが、田中は〝事後処理〟を忘れなかったのが白眉であった。つまり〝ムチ〟で打ったあと、ちゃんと〝アメ〟を与えて中曽根をウットリさせてみせたということだった。

すなわち、大平による改造人事が終わってしばらくしたあと、田中は中曽根がしきりに中国を訪問したがっていることを耳にした。耳にするや、ただちに自分と交流のある中国要人たちへの紹介状を何通も書き、これを中曽根に渡した。「帰ったら向こうの話でも聞かせてくれ」と付け加えて。中曽根は、深々と頭を下げたのであった。

あるいはまた、その後、築地の料亭で田中・中曽根会談を持った際、「福田と組んだのはキミの間違いだ。大平のつぎはキミしかおらんのだから慎重にやることだ」とリップ・サービス、ここでは中曽根を大いにウキウキさせたのだった。

結局、その後、中曽根がウキウキしているあいだに、したたかな田中は「ポスト大平」を鈴木善幸《すずきぜんこう》に決めてしまった。しかし、その後、田中へ〝恭順の意〟を示し続けた中曽根との〝約束〟を、田中はようやく「ポスト鈴木」では果たしてみせたのであった。

ビジネス社会が政界に劣らず利害関係で動くことは、これはいうまでもない。田中流は、やはりここでも有効である。

説得術

7 約束を守ることの強さ

中曽根康弘との〝約束〟を「ポスト鈴木」で果たしてみせたように、田中角栄には約束を守るというところでも人心を掌握してきた。反対に、自分がそうだから逆に約束を果たさぬ相手に対しては、これは厳しい姿勢で対処した。いわば田中は好き嫌いのハッキリした男ということができるが、それだけに田中が一度〝好き〟という関係になると、相互の信頼関係は非常に堅固な形になったものだ。

昭和五十三年秋の福田赳夫、大平正芳のあいだで争われた自民党総裁選予備選挙での田中角栄の動きが、それを証明している。

総裁選が近づいたその年の夏、福田は「再選」出馬をブチ上げた。これは、田中にとって〝約束を守らぬ〟ことであった。なぜなら、三木武夫《みきたけお》のあとに大平ともども福田を総裁として担いだ。このさい、「大福」両者の間で、福田の任期は「一期二年」の〝密約〟が交わされていた。もともと、政界における〝密約〟などというものは、状況の変化で履行反古《ほご》となる例が多いのだが、田中は〝密約〟もまた男の約束であるとの考え方から、これの反古には断固納得しなかったのだ。このあたりも、田中の真骨頂といえる。さて、事実上の「大福」決戦となったこの総裁選予備選挙にかける田中の意気込みは凄《すさ》まじく、田中派からの立候補を見送り、「大角」連合による大平必勝態勢を敷いたのである。

現職有利の戦前予想は、結果的に大平の逆転勝ちに終わるのだが、田中はこの選挙でつぎのような三つの作戦をとったのだった。

なぜ、後藤田正晴という人物を重視したか

一つは、田中自身の電話作戦である。田中派議員はもとより、気脈のある他派の議員から、党員・党友である全国の有力企業の経営者、そして全国津々浦々の地方議員に片っ端からダイヤルを回し、大平への支持を頼みまくった。予備選挙は全国の党員・党友による投票を比例案分して決めるため、大平票の上積みに全力を傾注したというわけである。

その大票田が東京であった。が、ここは中曽根、福田支持が圧倒的に強いところである。

しかし、大票田の東京を制しないかぎり、大平の勝利はないと読んだ田中は、ここに最高責任者として腹心の後藤田正晴《ごとうだまさはる》を張りつけた。これが作戦の二つ目である。後藤田は情報の宝庫である警察庁の元長官、それも警察ＯＢのなかでは群を抜いて影響力を持つ人物だ。警察下部から上がってくる情報は、いつにキメがこまかいのである。たとえば、○○町△丁目の誰某は、かつて創価学会員で公明党を支持していたが、どうやら最近は信心に熱心でないらしい、自民党中曽根系の某区議の支持に回っているらしいといったことまでが、住民をよく知る交番の警察官から〝情報〟として上がってくるのである。いわば、ネコ一匹の動静まで握れるのが警察である。そこに後藤田を張りつけたのだ。

三つ目は、その後藤田に田中派の衆参百十数人の議員が抱えている秘書の総計約千五百人を〝兵隊〟として与え、東京の大平選対に張りつけた点だ。千五百人の兵隊たちはまるで公明党、共産党ナミの、靴をはき減らしてのドブ板作戦を展開、つぎつぎと中曽根、福田票を大平票にクラ替えさせていったのである。

結果、弱いとされた東京で大平は二位に入り、予備選挙の全国総計では二位の福田を大きく引き離して一位に入った。福田は戦前、一位は動かぬとの自信のためか「予備選挙で二位になったものは、国会議員による一、二位決戦の本選挙出馬は辞退するのが筋」と発言、これが命取りになって決戦の本選挙は辞退しなければならぬハメになり、大平が総裁の座に就いたのである。

かくのとおり、田中は自分が約束を守る男だけに、相手の約束反古は断固許さないのである。

しかも、こうしたことは政争に限らず、個々の問題に関しても同様の姿勢で臨んでいる。たとえば、陳情である。どんなささいな依頼ごとでもまずは、話を聞き、「イエス」か「ノー」で返事をする。引き受けるものは「イエス」、できないとわかればその場で「ノー」と言うのである。決して、「できるだけはやってみよう」「考えてみる」などということは言わない。「イエス」となれば、陳情客にはこれはどんなことでも百パーセントの実現が待っているのである。

考えてみれば、人間とは不思議なものである。なまじ「できるだけはやってみよう」などと言われると、「もしかしたら」の期待感が増殖され、それが仮になされぬ結果になれば、その落胆ぶりははじめに「ノー」と言われた以上に倍加する。ときには、その相手に二度と足を運ぶこともイヤになる。かえって、はじめから「ノー」と言われたほうが、いったんは「あの野郎ッ」と思ってもあとくされは残らないものなのだ。逆に、自分がほうぼう手を尽くしてダメであることがわかると、いちばんはじめに「ノー」を出した者に、親近感めいたものを覚えるということもある。合わせて、いちばんはじめに頼みに来たのだから二人のあいだにはそれなりの信頼感があったはずで、「やはりあいつがノーと言ったものはどこでもダメなのだ」といった逆にハクがつく場合も多いのである。

田中は言っている。

「たしかに、人にノーと言うのは勇気のいることだ。しかし、逆に信頼度はノーで高まる場合もある。できないものはノーとはっきり言ったほうが、長い目で見れば信用されるものである」と。

この手でも田中は信頼を買い、自らの支持者を増やしていった。「約束を守る」ということが、人心掌握にどれだけ有効なものであるかがおわかりいただけよう。

説得術 8

部下の評価のあり方

部下にいちばん嫌われる上司の典型がある。唯我独尊《ゆいがどくそん》型である。このタイプは、たしかに仕事はできる。なまじデキるから、部下のモタモタぶりがなんとも生ぬるく見える。部下はそれなりに能力の全力を出し切っているのに、上司はなおそう見える。詰まるところ、エイ面倒だからこっちに寄こせで自分で仕事をやってしまう。これでは、部下としては立つ瀬がない。そのうえ、〝功績〟は部下ではなく上司のものになってしまうからますますやり切れなくなる。この手の上司についた部下は、いつも自分がスポイルされていることに気づく。結局は、そんな上司にだれがついていくものかとなる。

また、上司自身も、やがて部下からはスポイルされる運命に立ち、組織のなかでは浮き上がった存在になる。罪は、自分がかぶる。功績は、部下に与えよ。これが組織のなかでの上司が、部下をつかむ最良の方法と知る必要がある。

たとえば、昨今、このような問題がヤクザの世界の問題に置きかえられ、この世界でも果たしてカネだけで子分はついてくるのか、こないのかが問われてもいるそうだ。

親分は子分に、まず情をほどこす器量がなくてはならない。この場合の情とは何か。子分に仕事を与え、よい〝成績〟をあげたものにはそれなりのとり立て方をする。つまり、功績は功績として子分に返すのである。そうした親分に子分は集まる。組織のうまくいっているヤクザの親分は、おおむねそういう人物が多いとされているのである。

田中角栄という人物は、功績を部下に与えることで人心を掌握、多くの支持を得てきた人物の典型でもあったが、こうしたヤクザの〝情社会の論理〟と背中合わせになる部分もある。

田中角栄流〝連帯感〟のつくり方

その具体例をあげてみよう。

官僚というものは、汗水たらして法律を企画立案しても、これが実際に法律として陽の目を見なければ失望以外の何物でもない。仕事をしなかったに等しいのである。その法案が国会で成立して、はじめて官僚としての充足感にひたれる。つまり、大臣がそのために尽力してくれたことは、自分たちを〝生かしてくれた〟ことになる。

田中の場合は、こうしたケースでまず官僚に発想の知恵を貸している。これをナルホドと思った官僚たちは、必死で法案づくりに励む。さて、でき上がったものは、国会の場に移る。が、野党もいるし、それ以前に、自民党内の派閥間の駆け引きなどもあって、なかなか原案どおりで成立ということはむずかしい。

ここで、大臣はリーダーとして、上司として、力量と信頼感が問われることになる。

田中は大派閥の力の論理を駆使して、多少の修正はあっても、一度、手をつけた法案はかならず陽の目を見るように全力を尽くしたのであった。やがて、陽の目を見たことで、法案づくりに励んだ官僚たちに充足感が生まれ、また一つ田中と官僚たちのあいだに、新しい連帯感が生じたというわけである。そのうえで、田中は法律が成立すると、かならず打ち上げの場で「これもすべてキミたちのおかげだ」と付け加えることを忘れなかった。ここでは、功績を部下にゆずるのである。部下は仕事上、自分を生かし切ってくれた上司を、結局は慕うのだという好例である。

田中派だった森下泰《もりしたたい》参院議員が、こんなことをいっていた。

「人にやってやったことに、絶対に恩着せがましいことをしないというのも、田中さんの大きな特徴だ。私はかつて地方区で一度落選、全国区に出て、当選してきたんだが、地方区のときは、当時、田中さんは総理として四回ほど大阪まで応援に駆けつけてくれた。また、物心両面でたいへんな世話を受けたわけだ。合わせて、全国区では大平（正芳）さんの多大な応援も得たんです。

さて、当選したときに、田中さんは私に『大平のところより、オレの派閥に入れ』とは一言もいわなかったね。世間では『田中はしゃかりきになって、派閥の拡大を図っている』なんてバカなことをいうが、これはゲスの勘繰《かんぐ》りだといいたいね。『田中派に入れてくれ』

というのを、逆に『まァ、待て』というのが実情でした。来い、来いと集めた部下はイヤになればすぐ離れるが、自分から寄ってきた部下は、決して離れていかない。本当の部下とは、そういう部下をいうんだ。

田中軍団が田中さんのもとで圧倒的な一枚岩を誇ってきたのも、このあたりが最大の原因じゃあないかな」

スピーチについてでも、相手に〝花を持たせる〟ことの効用については先にふれた。功績を部下にゆずり、加えてそれが恩着せがましいことでないことが、人心掌握のポイントということはいうまでもない。

説得術 9

敵にこそ気配りを

身内の人間は、もともと気ごころは知れている。気配りをほどこすことは、さしてむずかしいことでもない。ところが、相手が敵対関係、競合関係にある場合はむずかしい。

しかし、これを超えて敵にこそ気配りが使えないようでは、たとえば事業の拡大、人脈づくりといったことはかなわぬと知る必要がある。敵に対する気配りができてこそ一流ということである。

その点でも、田中角栄は非凡であった。

田中の場合のこうした敵に対する気配りは、多く冠婚葬祭に表われていた。とりわけ、葬儀に表われている。

こんな政治記者の証言がある。

「松野頼三《まつのらいぞう》（現・民進党の松野頼久の父）は、かつては福田派の顧問的存在だった。田中とは政界に出て以来の、二十数年来の政敵でもあった。つねに、反田中の姿勢を崩さなかった。その松野夫人が亡くなったのは、昭和五十五年であった。亡くなったその晩、知らせもしなかったのに、通夜の席にひょっこり田中が現われた。松野はこの政敵の登場に一瞬たじろいだが、田中はきっちりと松野に弔意《ちょうい》を述べた。弔意を述べ終わっても、まだ田中は帰らないのである。なんと、喪主である松野のうしろの遺族席にすわり、通夜の儀式が終わるまですわり続けた。むろん、ここで松野と田中のあいだに、これまでのわだかまりについての会話などいっさい出ない。しかし、のちに松野はこうした田中の気配りの前に結局は軍門に下ってしまった形になった。これを機に目白の田中邸に足を運ぶこともしていたのです」

「早川崇《はやかわたかし》という代議士がいた。〝反田中〟を貫いた政治家だった。田中は通夜の席に生花を届けさせた。ところが、早川の秘書をはじめ遺族もこれをこころよしとせず、道端に投げ出したんです。その一件が耳に届いた田中は怒ることなく、黙って、また新しい花を届けたのです。早川と仲のよかったやはり反田中を張っていた元青嵐会《せいらんかい》の玉置和郎《たまきかずお》などは、『田中という男はさすがだな』とうなっていた」

社会党の猛者たちを感激させた話

あるいはまた、昭和四十年に元社会党委員長だった河上丈太郎《かわかみじょうたろう》が亡くなったときも同様であった。国会ではたびたび対決する自民党と社会党だが、田中はわざわざ火葬場まで出向いた。加えて、師走の雨のなか二時間も野辺の送りに立ちつくしていたのである。参列していたある社会党議員は、「あのときはマイった。さすがに感動をおぼえた」といっていた。ときに田中、大蔵大臣である。

田中についての、こうした話はごろごろしている。田中は葬儀となると、敵であれ恩讐《おんしゅう》を超えた形で、臆《おく》することなくこうした手に出たのである。

なぜ、出られるのか。田中には、葬儀は何を置いても自分の人生のなかで最も大事なことであるという信念がまずあった。加えて、〝見返り〟をいっさい期待しないでやるから、躊躇《ちゅうちょ》というものがなかった。つまり、巧まざるという形で田中はやっていたのであった。

人の死というものは、遺族も含めて人間の悲しみの頂点にある。琴線にもっともふれやすい状況を生かし切ってしまったのが田中ということでもあった。

説得術 10

自らの能力をどう磨くか

ここにいたるまで、田中の驚くべき数々の人心掌握術にふれてきた。しかし、ここではもっとも大事なことにふれる必要がある。どんなに誠実味があふれ、人間的魅力に富んでいても、その人物に能力というものがなければ最後のところで人心を掌握することは絶対にできないということである。とりわけ、組織のなかのリーダーたらんとする向きが、人心掌握術を統率力としてまで引っぱり上げることはできない。人心を掌握するキーポイントは、あくまでその人物の有する能力が不可欠と胆に命じておくべきである。バカでは、人はついてこないということである。

ひるがえって、田中角栄を見よ。ここでは、好き嫌いは抜きである。彼の頭脳はあらゆる点で凡百を超えている。「百年に一人の政治家。福田赳夫や大平正芳が束になってもかなう男ではない」といったのは元参院議長だった河野謙三《こうのけんぞう》だった。福田も大平もなかなかの頭脳の持ち主だった。それがかなわない。いわば、田中は天才的な「人間学博士」といえた。自ら、「コンピュータ付きブルドーザー」といったことでも明らかだ。人間関係形成の秘訣の一つに、「一度会った人の名前や顔は忘れないことだ」というのがある。田中が、まさにそうであった。たった一度会った選挙区のジイサンバアサンでも、何年かあとに会ったとき、パッと名前が口をついて出る。政治家だから当たりまえじゃないかという向きがあれば、これは当たってない。現実に田中のようにすべての人の名前と顔を頭に入れておこうとしたら、その努力でおそらく政治家なら仕事は何もできないだろう。政治家でスミズミまで支持者の名前を覚えている者は、これはだれもいない。そのくらい田中は、記憶力一つとっても天才的であった。

それでは、田中にかなわぬ凡百はどうすればいいのか。自分の持つ能力に、さらに磨きをかけるしかない。努力、それ以外はないということである。人心掌握術というものは、相手に作為を感じさせたときに崩壊する。田中の場合は、一見、奇異に映る行為も、作為というものを感じさせないからこそ成功しているということである。

他に手はないか。いっそ開き直るという手がある。多少の作為を相手に感じさせても、あえて人心掌握のテクニックこそを用いるべきである。多少の作為が目立っても、あらゆることで気配りを受けた相手は、その行為を頭から黙殺できるものではないということである。人の心とは、そういうものである。

一方で、企業戦争一つとっても、組織全体の能力が劣っていればこれは後退はやむをえない。能力の足らぬ企業は脱落するし、能力のない者に人心の掌握はまた不可能である。優勝劣敗——世の理想でもある。「説得術」を磨いて世に伍《ご》していくしかない。不可欠は、それへの努力ということになる。

田中角栄年譜

西暦（年齢）	時歴	主な出来事
1918年	新潟県刈羽郡二田村大字坂田に、父・角次、母・フメの次男として生まれる。姉妹ばかり。2歳のころ、ジフテリアにかかり、生死の境をさまよう。雪の下敷きになり、祖母に助けられる。	第一次世界大戦の休戦協定。
1933年（15）	二田尋常高等小学校高等科を卒業。	小林多喜二の虐殺。
1934年（16）	上京。井上工業東京支店に住み、小僧として働く。中央工学校土木科に入学、かたわら研数学館・正則英学校などで勉強する。	美濃部博士天皇機関説を告発される。
1936年（18）	中央工学校土木科を卒業。	二・二六事件。
1937年（19）	共栄建築事務所を創立。	盧溝橋事件により日中戦争へ。
1938年（20）	応召。北満洲にて兵役に就く。妹・ユキエ死亡。	国家総動員法施行。
1941年（23）	クルップ性肺炎により、内地に送還。大阪日赤病院に収容される。10月に退院とともに除隊。田中建築事務所を創設（東京・飯田橋）。	大東亜戦争に突入。
1942年（24）	坂本はなと結婚。長男・正法が生まれる（1947年、5歳で死亡）。田中土建工業株式会社創設。当年度の年間施行実績全国50位内にランクインした。	ミッドウェー海戦。

１９４３年	(25)	長女・眞紀子が誕生。	出陣学徒壮行大会。
１９４５年	(27)	朝鮮で終戦を迎え、帰国。進歩党への３００万円の献金を承諾。同党の大麻唯男から出馬を提案される。	本土大空襲、広島・長崎への原爆投下、敗戦。
１９４６年	(28)	第22回総選挙に民主党から立候補に踏み切る（新潟２区）も37人中11位で落選。	「東京裁判」（極東国際軍事裁判）が始まる。
１９４７年	(29)	第23回総選挙に民主党から立候補し、12人中３位で当選（新潟３区）。衆院建設委員となる。臨時石炭鉱業管理法案に反対し、民主党を離党。同志クラブを結成。	日本国憲法施行。
１９４８年	(30)	民主自由党結成。選挙部長、新潟県支部幹事長に就任。第２次吉田茂内閣発足。法務政務次官に就任。炭鉱国管疑惑により逮捕。	昭電疑獄。
１９４９年	(31)	第24回総選挙に獄中から立候補し再選。	下山・三鷹事件。
１９５０年	(32)	建築士法案を提出。自身も一級建築士資格を取得。長岡鉄道（現越後交通）社長に就任。これに伴い、田中土建工業は閉鎖。	朝鮮戦争勃発。警察予備隊の創設。
１９５１年	(33)	炭鉱国管疑惑に対し、無罪判決。	サンフランシスコ講和条約調印。
１９５２年	(34)	第25回総選挙で１位当選。	血のメーデー事件。
１９５３年	(35)	中央工学校の校長に就任（１９７２年に退任）。第26回総選挙で当選。	いわゆるバカヤロー解散。
１９５４年	(36)	自由党副幹事長に就任。	第五福竜丸ビキニ被爆。

1955年（37）	第27回総選挙で2位当選。	自衛隊発足。造船疑獄。保守合同により自由民主党の誕生。
1956年（38）	義理の娘を池田勇人の甥に嫁がせる。	日ソ共同宣言。
1957年（39）	第2次岸信介内閣の郵政省に就任。戦後初の30代での大臣就任となり、テレビ局と新聞社の統合系列化を推進した。	ソ連人工衛星スプートニクの打ち上げ成功。
1958年（40）	第28回総選挙で1位当選。	売春法施行。
1959年（41）	自民党副幹事長に就任。	皇太子御成婚。
1960年（42）	中越自動車株式会社社長に就任。越後交通株式会社（旧・長岡鉄道）社長に就任。第29回総選挙で1位当選。	安保闘争。
1961年（43）	自民党政務調査会長に就任。新日本電建株式会社社長に就任。	「地球は青かった」。
1962年（44）	第2次池田勇人内閣で大蔵大臣就任。	キューバ危機。
1963年（45）	第30回総選挙で1位当選。	ケネディ暗殺。
1964年（46）	父・角次死去（享年78）。	東京オリンピック開催。
1965年（47）	自民党幹事長に就任（蔵相は辞任）。	日韓条約批准。
1966年（48）	自民党に起った「黒い霧事件」の責任をとる形で自民党幹事長を辞任。その後、自民党都市政策調査会長に就任。	中国文化大革命。
1967年（49）	第31回総選挙で1位当選。	非核三原則。

1968年	(50)	自身がまとめた「都市政策大綱」が自民党総務会で了承される。自民党幹事長に復帰。	ソ連軍プラハ侵入。東大闘争、日大闘争。
1969年	(51)	長女・眞紀子が、鈴木直人元衆議院議員の三男、直紀と結婚。直紀は田中姓を名乗る。第32回総選挙で1位当選。	アポロ11号月面着陸。
1971年	(53)	第9回参院選で自民党が敗北し、幹事長を辞任。通産相就任、日米繊維交渉が決着。	ドル・ショック
1972年	(54)	佐藤派から分離独立する形で、田中系議員が旗揚げ。『日本列島改造論』を発表。佐藤栄作首相が引退、第64第内閣総理大臣に指名される。新潟県出身者としては初の首相。ハワイでニクソン大統領と会談。9月日中国交正常化を果たす。第33回総選挙で1位当選。	連合赤軍浅間山荘事件。
1973年	(55)	地価や物価が急上昇（狂乱物価）。小選挙区制度導入を撤回。日ソ共同声明発表。	オイル・ショック。
1974年	(56)	第10回参議院選挙で自民党大敗。『文藝春秋』に「田中角栄研究」が掲載。外国特派員協会で会見し、金脈問題について追及される。11月に辞表表明、12月に田中内閣総辞職。三木武夫内閣が発足。	小野田少尉帰還。
1976年	(58)	ロッキード事件表面化。7月、外為法違反の疑いで東京地検特捜部に逮捕される。自民党を離党、その後保釈金2億円で保釈される。第34回総選挙で1位当選。福田赳夫内閣発足。	道庁爆破。
1977年	(59)	ロッキード事件丸紅ルート初公判。田中自身は全面否認。田中派「七日会」解散。	日本赤軍、日航ハイジャック。家庭内暴力。

1978年	(60)	母・フメ死去（享年86）鄧小平来日、目白邸を訪問。福田赳夫内閣が総辞職し、大平内閣発足。〝角影内閣〟と呼ばれる。	自衛隊と有事立法。
1980年	(62)	大平正芳首相急死。鈴木善幸内閣発足。第36回総選挙で1位当選、自民党も圧勝。	KDD疑惑。マンザイブーム。
1982年	(64)	上越新幹線（大宮―新潟）が開通。中曽根政権発足。田中派から6人が入閣し「田中曽根内閣」と揶揄される。	日航機逆噴射墜落。歴史教科書問題。
1983年	(65)	前年自民党総裁選に立候補していた中川一郎議員が自殺。ロッキード事件で有罪判決（懲役4年、追徴金5億円）。第37回総選挙で1位当選。	大韓航空機撃墜。
1985年	(67)	2月、脳梗塞に倒れ東京逓信病院に入院。個人事務所が閉鎖される。	日航ジャンボ墜落。G5で円高時代へ。
1986年	(68)	第38回総選挙で1位当選。	チェルノブイリ原発事故。狂乱地価。
1989年	(71)	政界引退が、田中眞紀子の婿・直紀氏から発表される。勤続43年、当選16回。	昭和天皇崩御。消費税施行。
1990年	(72)	正式に政界引退。	湾岸戦争勃発。
1993年	(75)	第40回総選挙で娘の田中眞紀子が1位当選。角栄自身も新潟入りし応援活動。新宿区の慶応大学病院に転院。12月16日、午後2時4分、慶応大学病院で死去。享年75。死因は甲状せん機能障害に肺炎の併発。戒名は政覚院殿越山徳栄大居士。墓所は新潟県柏崎市（旧西山町）田中邸内。ロッキード事件は上告審の審理途中で公訴棄却となった。	皇太子御成婚。

本書は一九八六年一月、光文社より刊行された『田中角栄の3分間スピーチ』を解題、大幅に加筆修正したものです。

●著者略歴
小林吉弥（こばやし・きちや）
政治評論家
1941年8月26日、東京生まれ。早稲田大学第一商学部卒業。的確な政局・選挙情勢分析、独自の指導者論・組織論に定評がある。執筆、講演、テレビ出演など幅広く活動。
著書に『圧巻！高橋是清と田中角栄』（ロングセラーズ）、『アホな総理、スゴい総理』（講談社＋α文庫）、『宰相と怪妻・猛妻・女傑の戦後史』（大和書房文庫）、『21世紀のリーダー候補の真贋』（読売新聞社）など多数がある。

田中角栄　心をつかむ3分間スピーチ

2016年7月9日　第1刷発行
2016年7月21日　第2刷発行

著　者　小林吉弥
発行者　唐津　隆
発行所　株式会社ビジネス社
〒162-0805　東京都新宿区矢来町114番地
神楽坂高橋ビル5階
電話　03(5227)1602　FAX 03(5227)1603
http://www.business-sha.co.jp

カバー印刷・本文印刷・製本／半七写真印刷工業株式会社
〈カバーデザイン〉大谷昌稔　〈本文DTP〉茂呂田剛（エムアンドケイ）
〈装画〉中山隆右　〈写真〉山本晧一
〈編集担当〉佐藤春生　〈営業担当〉山口健志

ISBN978-4-8284-1892-6